あなたのビジネス経験とノウハウを商業出版しよう！

「ビジネス書」を書いて出版する法

出版塾
畑田洋行

同文舘出版

まえがき

「仕事を通じて得た経験や技術を本にしてみたい」という人が増えています。今すぐに「書こう」とは思わないものの、「将来は書いてみたい」という人も多いはずです。

ところが、いざ書くとなると、「自分が今までに得た知識や技術は、はたして、本にするだけの価値があるのだろうか?」と二の足を踏むものです。

しかし、実社会で5年以上一所懸命に働いてきた人は、「書ける何か」を持っているものです。じっくりと時間をかけて、埋もれているものを掘り起こしてみましょう。そして、あなたの経験や技術が、現実の場で実証されていれば、大いに自信を持って書けばいいのです。

とは言うものの、いざ原稿を書いて出版社に持ち込んでも、なかなか採用されることはありません。

そのため、「やはり、自分には出版なんてとても無理だ」とあきらめてしまう人が多いのです。

そして暗黙のうちに、「出版社に採用されるような原稿を書くには、特殊な経験や才能がなくてはダメだ」とか「際立ってうまい文章力が必要だ」と思い込んでしまうわけです。

しかし、出版社に採用されるためには、特殊な経験や才能は必要ありません。文章が上手である必要もありません。

採用されないのは、経験や才能、文章力に問題があるからではなく、多くの場合、出版社に受け入れてもらえる「原稿の書き方」を知らなかったり、出版社にアピールする「企画書の書き方」を知らないからなのです。

いくら特殊な経験や才能があって文章が上手でも、出版社にそっぽを向かれるような原稿を書いたり、訴求力のない企画書を書いたのでは採用されることはありません。

実は、見向きもされない原稿を書いたり、ひとりよがりな企画書を書く人はきわめて多いのです。そのため、いつまでたっても日の目を見ないのです。

私事で恐縮ですが、私はこれまで、ビジネス分野の原稿を出版社に持ち込んで、立て続けに出版をはたしてきました。最初の挑戦では失敗したものの、その後は一度も失敗することなく、10冊の本を出すことができました。

このように言うと、「きっと、特殊な経験と才能、そして相当の文章力があるのだろう」と思われるかもしれませんが、決してそのようなことはありません。

私は、特殊な経験や才能を持っているわけではありません。また、文章がうまいわけでもありません。そんな私でさえ、立て続けに出版することができたのです。そして、現在はその経験を活かして、ビジネスマンの出版をサポートする「出版塾」を開いています。

塾生も、決して特殊な経験や才能の持ち主ではありません。普通のサラリーマンや個人事業主、または中小企業の社長たちです。また、文章が特別うまいわけでもありません。

それどころか、塾生が最初に書く原稿や企画書は、とても出版社に採用されるレベルには達していません。それでも最終的には、塾生の約7割が出版をはたしています。

本書は、机上の空論を排し、私のこれまでの出版経験と出版塾での経験をもとに、ビジネス書を商業出版するためのノウハウをまとめたものです。

具体的には、「何を書けばいいのか」、「どのような原稿が嫌われるのか」、「どうやって出版社に売り込むのか」という3点に重点を置いて解説しています。さらに、出版を実現した後で、本をビジネスに活かす方法も取り上げています。

決してむずかしい内容ではありませんので、どうか安心してお読みください。本書が、少しでも出版希望者のお役に立つことができれば幸いです。そして、ひとりでも多くの方に自分の本を出版していただきたいと願っております。

なお、本書執筆の機会を与えてくださった同文舘出版の古市達彦氏ならびに執筆にご協力いただいた中森勇人氏、青山まり氏、岡部穂積氏に、この場をお借りして心から御礼申し上げます。

平成16年4月

出版塾塾長　畑田洋行

「ビジネス書」を書いて出版する法◎目次

2章 実証があれば書く価値あり

何を書けばいいかは、本人だけが知っている

カバーデザイン／藤瀬和敏
本文レイアウト・DTP／村上顕一
本文イラスト／角慎作

I章

自分の本を出そう！

こんなにある、出版のメリット

これから、ビジネス書を書いて出版するための方法を整理していきますが、細かな技術を見る前に、まずは出版することのメリットを考えてみましょう。原稿を最後まで書き上げることはたいへんですが、スタートラインとなる出版の目的を明確にしておけば、「よし、最後までがんばるぞ」という気持ちを持続させることができます。そうすれば、やがてゴールは見えてくるはずです。

1-1

自分の本があった！

自分の本が全国の書店に並んだときのうれしさは、言葉では言い表わせない

「あった！　自分の本があった」――こんな喜びの声をあげたのは、忘れもしない1999年6月、初めて書いた自分の本が、大手書店で平積みされているのを見つけた瞬間でした。

このときのうれしさは、とても言葉では言い表わすことはできません。あまりのうれしさに、足が棒になるほど、都内のあちこちの書店を回りました。そして、自分の本が陳列されているのを見つけるたびに、喜びの声をあげたのです。

「いい歳をした大人がみっともない」と思う方もいるでしょう。たしかに、たかが本を1冊出したくらいで、大の大人が大はしゃぎすることもないと思います。

実は、その1年前にも原稿を書いて、ある出版社に売り込んだのですが、まったく相

手にされませんでした。そのときは、さすがに落ち込みました。そのため、初めて出版をはたしたときのうれしさはひとしおだったのです。

このときの喜びが忘れられず、以来２００４年2月までに、出版社に原稿を持ち込んで10冊の本を出版してきました（本書を含めると11冊）。

また、このときの喜びをひとりでも多くの方に味わっていただきたいと、現在では、ビジネスマンの企画出版をサポートする通信形式の「出版塾」を主宰しているほどです。塾生が取り組むテーマはそれぞれ違っていますが、みな出版を実現すべく、日夜原稿や企画書の執筆に取り組んでいます。

「畑田さん、来ました。出版社から電話がきました。採用です。私の原稿が採用されたんです」――塾生からこうした連絡が入るとき、私自身も、言葉では言い表わすことができないほどうれしいものです。

採用が決まった塾生は、私同様、あるいはそれ以上に喜びをあらわにします。自分の本が世に出るということは、それほどうれしいことなのです。

私は、決して自慢をしたくて自分や塾生のことをご紹介したわけではありません。まずは、自分の本が出版されることがいかにうれしいかを思い巡らせていただきたかったのです。

一般に、出版社に原稿を持ち込んでも、採用される確率は1%未満ときわめて低いのが現実です。たしかな統計があるわけではないのではっきりしたことは言えませんが、おそらく1%を大幅に下回っているはずです。

そのため、決意も新たに出版に挑戦しても、そのハードルの高さに驚いて、道半ばにして夢を断念される方が少なくないのです。

しかし、出版を実現した暁には大きな喜びが得られることを心に留めておけば、厳しい現実を乗り越える力も湧いてきます。そのために冒頭で、自分や塾生の出版の例を取り上げたわけです。

とは言うものの、「採用率1%未満」という数字をご覧になって、「自分にはとても無理だ」と感じた方もあるでしょう。

でも、ご安心ください。書き方のツボさえ押さえれば、この数字はもっと高めることができるのです。

「出版社に採用されるような原稿を書くには、特別な経験や特殊な才能が必要なはずだ」――こう思う方もいるはずです。

ところが、そのようなことはありません。特別な経験も特殊な才能もない私でさえ、立て続けに本を出すことができたのですから。

これから先、出版をはたすための方法を順を追ってお話ししていきますが、決してむずかしい内容ではありませんから、安心して読み進めていってください。

さて、先に出版をはたしたときの喜びがいかに大きいかを述べましたが、メリットはそれだけではありません。まずは、出版することで得られるいろいろなメリットについて見ていきましょう。

I-2

自分の付加価値を高めよう

資格を取っても役に立つとはかぎりません。それなら……

最近、自分自身の付加価値を高めたいと考えるビジネスマンが増えています。要は、社外でも通用する能力を身につけたい、ということです。

このような背景には、年功序列制度の崩壊があります。これまで日本の企業の多くが、年功序列型の賃金体系や人事制度を採用してきました。

そのため、ひとつの会社に長い間勤めていれば、おのずとある程度の給与を得て、年齢や勤続年数にふさわしいポストに就くことができました。

ところがバブル崩壊後は年功序列が崩れ、実力主義を採用する企業が急激に増えてきました。

そのため、単に長く会社にいるだけでは、高い給与やポストを手に入れることはむずかしくなったのです。

もちろん、従来の年功序列のもとでも実力は必要とされてきました。ただ、終身雇用制度のもとで必要とされるのは、あくまで、その会社の内部だけで通用する能力でよかったのです。

しかし、終身雇用が崩れはじめた現在、社内でしか通用しない実力では、大きな価値を生み出すことはできなくなりました。

そこで、社外でも通用する力をつけようと、いろいろなことに挑戦するビジネスマンが増えてきたわけです。

たとえば、資格取得を目指したり英会話を勉強したり、最近では、専門知識を身につけるために大学院に通う人も増えています。

このように、方法はさまざまですが、いずれも自分自身の付加価値を高め、社外で通用する能力を習得するという点では同じと言えます。

しかし、資格や英会話や大学院だけが、自分自身の付加価値を高める方法ではありません。実は、本を出版することによっても、自分自身の付加価値を高めることができます。

従来、終身雇用制度のもとでは、自分が得た技術やノウハウは、あくまでも自分自身の中にしまっておき、それを社内で活用することによって、大きな価値を生むことができました。

しかし終身雇用制度が崩れ、実力主義が台頭しはじめた現在では、技術やノウハウは自分の中にしまっておくよりも、むしろ広く社外に向かって発信したほうが、付加価値を高めることができます。出版は、その手段のひとつとなるのです。

プロ野球に目を転じると、イチロー選手や松井選手がメジャーリーグで活躍しています。従来は、日本のプロ野球という枠組みの中で成功すれば、それで十分でした。しかし、メジャーへの道が開かれた現在では、日本のプロ野球という枠組みを超えて、海を渡ってプレーしたほうが、選手としての付加価値を高めることができるのです。

それと同じように、今や社内という枠組みを超えて、広く社外に向かって情報を発信することによって、その人の付加価値が高まる時代になりました。本を出すことは、社外に情報を発信する手段のひとつなのです。

私事で恐縮ですが、私はかつて資格スクールで、10年間にわたって中小企業診断士受験講座の講師を務めてきました。講師経験を積む中で、それなりに知識を習得し、受講生からも支持されるようになりました。

しかし、私は資格スクールの正社員ではなく、あくまでも契約社員として講師を務めていたにすぎませんでした。契約社員など、いつクビになってもおかしくありません。

そのためある日、ふと不安を感じました。それは、「自分がこれまでに得た知識や技術は、このスクールの中でしか通用しないのだろうか？」という不安です。もしスクール内でしか通用しないのなら、これほど危険なことはありません。

そこで私は、出版に挑戦することを思いつきました。これまで蓄積してきた経済常識に関する知識を、広く社会に向けて発信してみようと考えたのです。そして、自分が持つ知識や技術が、スクール外でも通用することを証明しようと思いました。

最初の挑戦では失敗したものの、2度目には成功し、ついに全国の書店に自分の本が並んだのです。本書の冒頭であげた喜びの声はそのときのものです。

出版したことは大きな自信につながりました。「資格スクールをクビになっても、自分の知識を活かす場はある」という気持ちになれたからです。

さて、ここで転職するときのことを考えてみましょう。履歴書や職務経歴書に「○○の資格取得」と書けば、その分野に関する知識を持っていることが証明できます。

しかし、資格試験の多くは、しょせんはペーパーテストにすぎません。資格を持っているからと言って、それが即実践に役立つとはかぎりません。人事担当者はこのことをよく知っています。

たとえば、中小企業診断士の資格を持っていれば、経営コンサルティングに関する知識があることは証明できます。しかし、実際に経営コンサルティングができるかどうかは、まったく別の問題です。

やはり、経験や技術を伴わなければ、実戦では役に立たないのです。事実、私は中小企業診断士の資格を持ってはいますが、経営コンサルティングはできません。

履歴書や職務経歴書に、「営業経験3年」とか「生産管理に5年間従事」などと書けば、営業や生産管理でそれなりの経験を有していることを示すことができます。しかし、その経験は、以前いた会社内でしか通用しないかもしれません。

ところがこれに加えて、「営業に関する○○の著作あり」、「生産管理入門に関する○○の著作あり」と書くと、単に経験があるだけでなく、その分野のエキスパートであることが証明でき、人事担当者に強くアピールできるはずです。

このように、本を出すことは自分自身の価値を高め、それを社会にアピールすることになります。社外で通用する能力をアピールする手段のひとつとして、今や出版は見逃せないツールのひとつとなっているのです。

I-3

本はお金のかからない宣伝

広告を打つには多額のお金が必要。ところが本を出せば、お金をもらって宣伝できる

本を出すことは、実力社会を生き抜くサラリーマンにとってメリットがあるだけではありません。中小企業の経営者や個人事業主にとっても大きな魅力があります。

私が主宰する出版塾にはいろいろな塾生がいますが、実は、中小企業の経営者や個人事業主も少なくありません。

このようなことを言うと出版社の方に怒られそうですが、彼らは本を出すことによって、自社や自社商品を宣伝したいと考えています。

要するに、本を通じて読者に、自社の優れた点や商品のセールスポイントをアピールしたいと考えている、ということです。

今、新聞広告を打つには多額の費用が必要です。とくに全国紙となると、ほんのわず

かな広告スペースですら、数十万円もかかります。少し大きめの広告となると、百万円単位のお金が必要です。そのため、中小企業や個人事業主が何度も全国紙に広告を出すことはむずかしいと言えるでしょう。

これに対して、本を出すのにお金はかかりません。自費出版や協力出版（出版社と執筆者が費用を折半するもの）ならいざ知らず、商業出版の場合は、費用は出版社が全額負担してくれます。

それだけではありません。執筆者はお金を払うどころか、逆に印税までもらえるのです。お金をもらって宣伝できるわけですから、中小企業の経営者や個人事業主にとって、これほど都合のいいことはないはずです（印税の計算法については後述します）。

さらに場合によっては、出版社が新聞広告で本の宣伝までしてくれます。私にも経験がありますが、全国紙に自分の本の広告が掲載されたときの喜びはひとしおです。もちろん、それなりの宣伝効果もあります。

このように、本を出すことは、サラリーマンだけでなく、中小企業の経営者や個人事業主にとっても大きな魅力があります。

私は、出版塾を宣伝するために本を出したことはありませんが、結果としては、やはりかなりの効果がありました。巻末の著者略歴欄に、出版塾のことを掲載しておくと、メールや手紙で問い合わせがきます。

かつては雑誌に広告を出したこともありますが、自著の読者からの問い合わせのほうがはるかに多く、しかも成約率は広告より格段に高いのです。

余談になりますが、本書が出版されるきっかけも本でした。私が平成15年に書いた本が同文舘出版の編集者の目に止まり、何度かやり取りをしているうちに、本書を書かせていただくことになったのです。これもやはり、出版がもたらした効果と言えるでしょう。

いずれにしても、本を出すことによって、自社や商品を無料でアピールできることは間違いありません。

Ⅰ-4

あなたが得たものを他人に役立ててもらおう

これこそ究極の自己実現

前述したように、仕事等を通じて得た知識や経験を原稿にまとめて出版することによって、自分自身の付加価値を高めることができます。また、中小企業の経営者や個人事業主の場合は、自社の宣伝にもなります。

しかし、出版の効果はこれに留まるものではありません。やはり何といっても、一番大きいのは、自己実現感が味わえることです。

本を出版すると、読者から感想が寄せられます。「役に立った」とか「助かった」といった感想はもちろん、「勇気づけられた」とか、「自分もがんばってみようと思う」といった執筆者冥利につきるような感想まで寄せられます。

見ず知らずの人から、こうした心暖まる言葉をいただくことは本当にありがたくてうれしいものです。このときほど、本を出してよかったと思えることはありません。自己実現感が味わえる瞬間です。

少し大げさに言うと、「自分の知識や技術が人の役に立てた」という実感は、何ものにもかえがたいものです。

ときには、「直接お会いしたい」と連絡が入ることもあります。私はこれまで、経済・経営関連、資格関連、話し方、文章の書き方、出版ノウハウ関連など、5つのジャンルの本を出してきましたが、それぞれのジャンルの本で、読者との出会いがありました。

経済・経営関係の本を読んだ方から手紙をいただき、その方が所属する団体でセミナーを実施させていただいたことがあります。

資格関連の本では、何人もの読者が私の担当する資格スクールの講座に参加してくださいました。

話し方の本では、拙著を講読された専門学校の先生から手紙をいただき、それがきっかけで、その専門学校で拙著を講師用のテキストとして採用していただくことができました。

また、文章の書き方や出版ノウハウ関連の本では、執筆に関するご相談を受けたり、直接お会いしてアドバイスをさせていただいています。

これらの出会いは、本を出していなかったら実現しなかったはずです。本を出すことで新たな出会いの機会が増えます。自分の世界に閉じこもって、コツコツと何かを成し遂げることによっても自己実現感を味わうことは可能でしょう。

しかし、本を通じて出会いの場が広がれば、やはり大きな自己実現感を味わうことができます。そして、そこからさらに新たな活躍の場が広がる可能性も十分にあるはずです。

I-5

印税の計算はこんなに簡単

印税はうれしいもの。しかし、過大な期待は禁物

企画出版をはたすと印税が入ってきます。これも、本を出すことで得られる喜びのひとつです。私も、最初に印税を受け取ったときはもちろん、今でもとてもうれしく感じます。

さて、気になる印税ですが、印税の計算はいたって簡単で、次のように計算します。

印税＝価格×発行部数×印税率

たとえば、価格が１４００円、発行部数５０００部、印税率８％の場合、受け取る印税は次のようになります。

1400円×5000部×8％＝560000円

ただし、ここから税金（10％）が引かれるため、手取り額は504000円となります。

この式からおわかりいただけると思いますが、印税は版を重ね、発行部数が増えるほど大きくなります。

また印税率は、5～10％が相場です。出版社によっては、「初版6％、重版8％、3万部を超える分は10％」といった具合に、段階を設ける場合もあります。

価格に消費税を含めるかどうかは、出版社によって異なります。消費税を含めて計算する出版社もあれば、含めずに計算する出版社もあります。

知人に「本を出した」などと言うと、「じゃあ今度、みんなにご馳走して」などと言われることがありますが、一般の人は、本を出すと多額の印税を手にできると思っています。

しかし実際には、先の計算式からもわかるように、印税は決して多額ではありません。数十万部とか百万部も売れれば話は別ですが、それほど売れる本は滅多にないというのが現実だからです。

このように言うと、印税目あてで本を出そうとしている方はがっかりされるかもしれませんが、印税をあてにして本を出すのではなく、「自分の知識や技術を役立ててもらおう」という気持ちで臨むべきでしょう。そのほうが現実的ですし、説得力のある原稿が書けるはずです。

読者の中には、「やがては印税で生活できるようになりたい」とお考えの方がいるかもしれません。

志を高く持つのはよいことですが、最初から印税で生活できるレベルを目指すことは無謀です。

やはり、まずは本を出すことに全力を傾けるべきです。印税で生活するには、何はさておいても、最初の1冊を出さなくてはならないからです。

では、どうすれば本を出せるのかですが、これについては、2章〜4章でくわしく説明いたします。

I-6

大人数での共著はするな！

これでは、本を出したことにはならない

先に、私が出版に挑戦しようと考えた理由についてお話いたしました。それは、「自分の知識が社外で通用するかどうかを試したい」という気持ちからでした。しかし実は、その他にも理由がありました。

資格スクールの講師をしていた30代後半の頃、某業界で第一人者のコンサルタントであるA先生と知り合う機会を得ました。A先生は私に、本を出すことを強く勧めてくださったのです。

「畑田君、君は本を書いたことがあるかね？」

「受験関係のテキストなら書いたことがありますが……」

「そのテキストは書店で売っているのか?」

「いいえ、講座の受講生が読むだけです」

「それでは、本を出したことにはならないな」

「まあ、そうでしょうね」

「一流の講師になりたかったら本を出しなさい。君は資格スクールの中で評判はいいようだが、それだけではダメだ。受験業界で一流になりたかったら、本を書かなきゃ。本のない講師なんて、しょせんは二流だよ。少なくとも、世間はそう見るよ」


私は、A先生のこの言葉にはっとしました。たしかに、名のある他社の講師は、みな本を出していたからです。いくら、自社内で評判がいいと言ったところで、しょせんは井の中の蛙にすぎません。本当に力のある講師なら、本を出していてしかるべきだと考えたのです。

資格スクールの講師をしていると、受講生から個人的にセミナーの依頼を受けることがあります。私も、何度かセミナーの依頼を受けました。あるとき、C社に勤めている受講生のBさんが、「ウチの会社で、経済に関するセミナーをしてほしい」と依頼してきました。

ありがたいことに、Bさんは自社の教育担当者に私のことを、「とてもよい講師がいる」と積極的に紹介してくれたのです。

後日、打ち合せのためにC社に行き、教育担当者のDさんと面談しました。しばらく話をした後、Dさんは私に、「畑田先生のご著作を教えていただけませんか」と言ってきました。

この一言にドキッとしました。実はこのとき、すでにA先生のアドバイスにしたがって本を出していたからよかったのですが、もし本が1冊もなかったらと思うとゾッとします。

「本はありません」などと答えたら講師として信用されませんし、何よりも、私を紹介してくれたBさんのメンツをつぶすことになります。このときほど、A先生のアドバイスをありがたく感じたことはありませんでした。

その後も、何度かセミナーの依頼を受けましたが、そのつど、著作物の有無を聞かれました。著作物があるのとないのとでは、相手に与える印象はかなり違ってくるはずです。

A先生は、単独での出版も強く勧めてくださいました。

「私も、何とか本が出せるようにがんばってみます」

「そうだね。あっ、そうそう。でもね、本を出すと言っても、共著じゃダメだよ」

「はあ」

「本を出したいあまりに、5、6人で共著を出す人がいるが、それでは、本を出したことにはならんよ。なかには、20～30人も寄ってたかって1冊の本を出す人もいるが、そんなマネは絶対にするなよ。共著しかない人は二流だからな」

「そうですか……」

「そう、一流の講師になりたかったら、本の背表紙に君の名前がしっかりと出るような本を出しなさい」


私にはもともと、共著で本を出したいという気持ちはありませんでしたが、A先生のこの指摘ももっともだと感じました。大人数での共著ばかりを出していると、「しょせん、ひとりでは書けない」と見られてしまうからです。

A先生は、いつもズケズケとものをおっしゃるのですが、今振り返ってみると、このときのアドバイスは本当にありがたかったと思います。

本書の読者の中には、「共著で本を出そう」とお考えの方がいるかもしれません。私は、共著のすべてが悪いとは思いませんが、できるだけ単独で出版することをお勧めします。テーマによっては、2、3人で書かざるを得ない場合もあるでしょうが、少なくとも、大人数での共著はお勧めできません。

出版を通じて、自分の知識や技術を世に問いたいと考えるのであれば、やはりできるだけ、単独での出版をめざすべきでしょう。

さて、ではいよいよ、出版するためにはどうしたらよいかを見ていくことにしましょう。次章では、まずはどんなことを書けばよいかに焦点を当てたいと思います。

2章

実証があれば書く価値あり

何を書くけばいいかは、本人だけが知っている

ビジネス書を書くと言っても、まずは何を書くかを決めなくてはなりません。ここでは、テーマの決め方やテーマを探すヒントを整理します。

決して特殊な技術を要するわけではありません。一度、みなさんご自身の経験をじっくりと振り返ってみましょう。

2-1

周りを見てテーマを決めるな

プロのマネをしても勝ち目はない

私の出版塾にはいろいろな原稿が寄せられますが、その中でもっとも多いのは、次の2つのタイプです。

①自分史色の強い原稿

前に、本を出せば自己実現感が味わえると述べました。この自己実現感を味わいたいために、自分史色の強い原稿を書く人がいます。要するに、その人の個人的な足跡を細々と書くわけです。

しかし、そもそも出版社は自分史のような原稿には目もくれません。きびしい言い方をすると、有名人の原稿や特異な体験談ならいざ知らず、一般人の自分史など、だれも目を向けてくれません。

　自分のことを原稿にまとめれば、たしかに満足感は得られるでしょうが、しょせんは自己満足にしかすぎません。出版することによって得られる自己実現感というのは、執筆者の知識や技術を第三者に伝え、読者に喜んでもらうことによって得られるものなのです。

②宣伝色の強い原稿

　先にも触れたように、中小企業の経営者や個人事業主が本を出すと、自社の宣伝効果が得られます。

　そのため、原稿を書き進めるうちに、ややもすると自社の宣伝を前面に押し出して書いてしまいがちです。

　しかし、明け透けに自社や自社商品のことを宣伝することは禁物です。そもそも、そんな原稿を書いても出版社には採用されません。出版社は、執筆者の会社を宣伝するために本を出すわけではないからです。出版社は慈善事業ではないのです。

　ところが実際には、宣伝したいがために、自社がいかに社会に貢献しているかとか、自社商品のセールスポイントを長々と書く人が少なくありません。

自分史色の強い原稿や宣伝色の強い原稿は、自分のことにばかりに目が向いて、読者のことが視野に入っていません。

これに対して、逆に世間の目ばかりを気にする人も少なくありません。私のところには、原稿の他にも、企画に関するさまざまな相談が寄せられます。その中でもっとも多いのは、テーマの選定に関する相談です。

たとえば、「現在、失業者が多いので、再就職や独立開業に関するものを書けば出版できるでしょうか?」とか「フリーターが増えているので、その実態を調べて原稿にまとめれば、出版社に採用されるでしょうか?」などといった相談です。

こうした相談を寄せる人は、世間の目ばかりを気にしてテーマを選定していると言えます。

たしかに、読者のニーズをつかんで、それに沿ったテーマのものを書けば、出版社に採用される確率は高まるでしょう。

しかし、しょせんは素人の域を出るものではありません。出版社の人間は常に、「読者の求める視点は何か」、「読者のニーズはどこにあるのか」と、日夜考えて企画を立てています。

そこへ素人考えで、「ああだこうだ」といくら言ってみたところで、しょせん付け焼刃にすぎません。そんな企画を立てたところで、編集者の心を動かすような原稿が書けるはずがありません。

では、どうすればいいのか。答は簡単です。編集者とは違った発想をすればいいのです。編集者と同じ土俵に立っていたのでは、なかなか勝てません。いくら強い横綱でも、戦う場を四角いリングにすると、プロレスラーにはかないません。100メートル走の世界記録保持者がいくら足が速いと言っても、戦う場を42キロにしたら、マラソンランナーにはかないません。

これと同じことで、編集者とは違った土俵に立って勝負すればよいのです。「違う土俵に立つ」ということは、読者のニーズを探りながらテーマを決めることをやめ、あくまでも自分が得たものを前面に押し出すということです。要は、仕事等を通じて得た知識や技術、経験をテーマの中心に置けばいいわけです。

ここでご注意いただきたいことは、「自分が得たもの」を中心にするのであって、自社や自社商品を中心にしたり、自分の個人的な足跡を中心にするということではありません。

あくまでも、「自分が得た成果を他人に役立ててもらおう」という気持ちで取り組むことが大切なのです。

たとえば、「これまでの営業活動で得たセールスのコツをまとめてみよう」とか、「多くの部下を持った経験を通じて得た、部下との接し方のポイントをまとめてみよう」といった具合に、仕事等を通じて得たものをテーマにすればよいのです。

とは言うものの、「はたして、自分が得たものに価値があるのだろうか」と不安を感じる方もあるでしょう。

要するに、「自分としては、営業や部下との接し方のコツをつかんだつもりだが、このことは原稿にまとめるだけの価値があるのだろうか？」という不安です。

たしかに、自分では価値のあることだと思っていても、それがひとりよがりの主張であっては通用しません。そこで、この点について、もう少し踏み込んで見ていきましょう。

2-2 この実証が出版につながった

零点講師が最高点を取ったという事実

価値ある原稿が書けるかどうか——この点は、大いに気になるはずです。しかし、あまり複雑に考える必要はありません。「実証」があるかどうかで判断すればいいのです。自分の得た結論が、現実の場で実証されているのであれば、大いに自信を持ちましょう。

私は、資格スクールで10年間にわたって講師を務めてきましたが、そのデビューは散々なものでした。受講生アンケートで零点をつけられるほどのダメ講師だったのです。ところがその後、試行錯誤を繰り返し、自分なりにわかりやすく説明する方法をつかみ、最後は講師陣で最高点を取るまでになりました。

この「実証」が自信となり、『「わかりやすい！」と言われたいなら、こう喋ろう』（毎日新聞社）を出版することができました。

私は資格スクール時代、カセットテープの通信講座も担当していました。カセットテープに講義を収録して、それを受講生の自宅に毎月郵送します。実は、収録をする際、私は「できるだけ、わかりやすい説明をしたい」と考え、話す内容をあらかじめ原稿にまとめ、それを収録時に読み上げるようにしました（もちろん、棒読みにならないように注意しながら）。

ひと口に、「原稿を書く」と言ってもたいへんなことです。年間40時間にもおよぶ講義を原稿にまとめると、膨大な量になります。しかし、こうした努力が報われて、受講生から、「畑田さんの講座はとてもわかりやすい」と好評を得ることができたのです。

この「実証」が自信となり、『畑田式　中小企業診断士試験必勝講座』『畑田式　スラスラ読んで身につく診断士』（ともに経営書院）を出版することができたのです。

一般に、出版社に原稿を持ち込んでも、採用される確率はきわめて低いというのが現実です。こうした厳しい現実の中で、私は立て続けに本を出すことができました。現在は、その経験を活かして、ビジネスマンの出版をサポートする出版塾を主宰し、塾生の出版を応援してきました。この「実証」が自信となり、本書を書くことができたのです。

自分のことばかりで恐縮ですが、いずれにしても、仕事等を通じて「実証」を得ているのなら、自信を持って書いてみましょう。

実証があれば、決してひとりよがりの内容ではありません。他人に何を言われようと、「私はこの方法で成果を得た」、「この方法で実績を上げることができた」と胸を張って言えるはずです。それを、「読者に役立ててもらいたい」という気持ちでアピールすればいいのです。実は、この姿勢こそが出版社の心を動かすのです。

経営コンサルタントの塾生Hさんは、それまでの指導経験をもとに、中小企業の経営者に警告するという内容の原稿を書き上げました。もちろん、Hさんの主張は長年の経営指導の場で「実証」を得ています。このことが説得力ある原稿を生み、出版を実現したのです。

同じく塾生のYさんは、長年部下の育成に尽力され、多くの人材を育ててきました。この「実証」をもとに、人材育成法の原稿をまとめ、やはり出版をはたしています。

このように仕事等を通じて得たものが、現実の場で証明されていれば、それは十分に書く価値があります。

とは言うものの、「まだ、実証を得るまでの成果はない」という方も多いはずです。また、今は原稿にする題材はないが、将来は何かを書いてみたいと思っている方もいることでしょう。そのような方々のために、どうしたら書くべき題材が得られるのか、そのヒントを次に示してみようと思います。

2-3 テーマを探す3つのヒント

あなたが感じた「疑問」や「くやしさ」、「不便」を大切にしよう

ここでは、原稿のテーマを得るためのヒントを3つご紹介します。

①疑問に感じたことを追求する

仕事をしていて、何か疑問に感じることがあるはずです。「なぜ、○○なのだろう?」とか、「どうして、この方法ではダメなのだろう?」といった疑問です。

こうした疑問を大切にして、自分なりに解決策を見出すことができれば、それは立派なテーマとなります。

ところが多くの人は、せっかく疑問を抱いても、「自分の理解力が劣るからわからないんだ」とか「わからないのは、自分が未熟だからだ」などと決めつけて、疑問を追求

することをしません。

これでは、いつまでたっても前に進むことはできません。ここは、もっと図太くかまえましょう。「自分がわからないということは、きっと何かがおかしいからだ」と考えるのです。

前述したように、私は資格スクールで講師デビューをしたとき、受講生アンケートで零点をつけられました。

本来なら、この時点でクビになっていたはずですが、職員がアンケートを紛失したため上司にバレず、何とかクビをまぬがれたのです。

しかし上司は、私がダメな講師であることは薄々感じていたはずです。そのため、ことあるごとに、「畑田さん、話し方を勉強すれば、いい講師になれるよ」とアドバイスしてくれました。

私はこのアドバイスに、言いようのない違和感をおぼえました。「はたして、話し方が上手になれば、受講生に支持されるようになるのだろうか?」と感じたのです。

そこで、同じスクール内の別の講座でカリスマ的な存在の講師を3人選び、その話し方を研究してみました。

すると驚いたことに、3人の話し方はまったく違っていたのです。1人はまさに「立て板に水」で、よどみなく流れるように話します。もう1人は、これとは正反対にゆっくりと、しかもときおり突っかえながら話します。残る1人は、まるでヒトラーが演説をするような感じで、まくし立てながら話すのです。

このように、3人ともそれぞれ話し方はまったく違っているのに、受講生からは絶大な支持を得ていました。

ということは、「大切なのは話し方ではない」と考え、その後、試行錯誤を通じて自分なりに受講生に支持されるための技術を習得しました。それを原稿にまとめたのが、『「わかりやすい！」と言われたいなら、こう喋ろう』（毎日新聞社）でした。

資格スクール在職中に多くの教材に接する機会がありましたが、私はそれらを読んで、疑問を感じました。実は、どの教材も記述がむずかしく、理解するのにひと苦労だったからです。

そこで、「もっと簡単に書けないものだろうか」と考え、自分なりに工夫して、それを原稿にまとめました。それが、『畑田式　中小企業診断士試験必勝講座』であり、『畑田式　スラスラ読んで身につく診断士』（ともに経営書院）だったのです

このように、感じた疑問を大切にし、自分なりに解決策を見出すことができれば、それは立派なテーマとなるのです。

②悔やしい気持ちを大事にする

仕事をしていると、悔やしい気持ちを抱くことがあるものです。その気持ちを大事にして、悔やしさを晴らす方策を見出せば、それもテーマとなります。

先にあげた3冊は、疑問に感じたことを大切にして書き上げたものですが、実は、悔やしい気持ちとも関係しています。

私は資格スクール在職中、他社が手がけていないまったく新しい通信講座を作りました。ところが、この講座が他社からバカにされたのです。このときの悔やしい気持ちは、今でも忘れることはできません。そして、「よし、今に見ていろ。いつか受講生に支持されるようなすばらしい講座にしてやるぞ」と決心しました。

そのためには、わかりやすく話すことが必要でした。カセットテープ講座の場合、受講生は音声を聞きながら学習します。自宅で机に向かい、辞書を片手に聞く受講生もあるでしょうが、多くの受講生は通勤電車の中で、ヘッドフォンで聞いています。吊り革につかまって、辞書を見ながら聞くことはできません。そのため、聞いただけでわかるように説明する必要がありました。

そこで私は、試行錯誤を繰り返し、自分なりにわかりやすい説明の仕方を習得しました。これがベースとなって、先にあげた3冊が生まれたのです。

本書の5章でご紹介する中森勇人さんは、強烈なリストラにあい、とても悔やしい思いをしました。ところが彼は、いじめやいやがらせに屈することなく、最後までがんばり通し、ついに社内に残ったのです。それをまとめたのが、『ザ・リストラ—それでも辞めなかったサラリーマンの知恵』（ベストセラーズ）でした。

このように、くやしい気持ちを大事にし、それを解決する方策を見出せば、それは立派なテーマとなるのです。

③不便に感じたことを重視する

セミナーで私は、よく地下鉄の路線図のことをお話しします。手帳の後のほうに記載されているあの路線図です。

実はこの路線図は、営団地下鉄の職員が考え出したものではありません。地方から上京した若者が考えたものなのです。

東京都内には、網の目のように地下鉄が走っていますが、あまりにも複雑で、都内に住む人でもわからないほどです。

上京した若者はこれに大いに不便を感じ、自ら地下鉄にひとつずつ乗って調べ、それを路線図にまとめていったのです。それを営団地下鉄に持っていったところ、たいへん喜ばれ、現在の路線図の原型となったのです。

路線図は本ではありませんが、不便を解消すれば大きな成果が得られるという点では、出版に通じるものがあります。不便に感じたことを重視して、それを解決する方策を見出せば、それはテーマとなるということです。

本書の5章でご紹介する青山まりさんは、消費者の目線に立ったブラジャーの選び方がわからず、これに不便を感じていました。そして、自らブラジャーを研究し、それを原稿にまとめて出版をはたしました。それが『ブラの本』（サンマーク出版）です。

このように、自分自身が感じた不便を重視すればいいのですが、他人が不便に感じることをテーマとすることも可能です。

塾生のKさんは、女性でありながら、ひとりで世界旅行に挑戦しました。世界旅行を通じて、既存のガイドブックには書かれていない、いろいろな不便があることに気づきました。

そして、「これから海外旅行に行く人は、私と同じように、きっとこれらの不便を感じるはずだ」と思い、現在原稿執筆に挑戦中です。

出版塾を通じて、多くの原稿に接する機会がありますが、実はどの原稿も、最初は出版社にまともに読んでもらえるレベルには達していません。決して文章が下手なのではありません。むしろ、上手な文章を書く人のほうが多いほどです。また、文章の形式も整っています。にもかかわらず、彼らの書くものはわかりやすさに欠け、訴求力が弱いのです。

一方、「文章の書き方」に関する既存の本に目を向けると、形式を重視したものがほとんどです。実は、形式よりももっと重要なことがあるのですが、この点を解説した本はありませんでした。

そこで、「これでは、文章を書く人は不便を感じるだろう」と思い、わかりやすく書くためのポイントをまとめました。それが拙著、『ビジネスマンのためのわかりやすい文章の書き方』（実業之日本社）です。

さて、これまで書くべきテーマを得るヒントとして「疑問」、「悔やしさ」、「不便」の3つをあげましたが、これらを解消する方策を見出すことができれば、それは立派なテーマとなり得ます。

とは言うものの、単にテーマを得ただけでは、出版社の心を動かすような原稿を書くことはできません。次に、この点について見ていきましょう。

2-4 主張をひと言で言い表わそう

実績を並べただけではダメ。実績を通じて得たものを、ズバリ言い表わそう

せっかくテーマを得ても、ダラダラと書いたのでは訴求力に欠けます。また、単に知識を羅列しただけでは、読み手の心には響きません。

出版社の心を動かすには、主張をひと言で言い表わすことが重要です。自分の主張を十分に吟味し、「自分が言いたいのはこれだ！」と言えるまでに昇華させるのです。

出版塾にはいろいろなご相談が寄せられますが、その中には、「○○について書いてみようと思うのですが、どうでしょうか」といった質問もあります。要するに、「○○について書けば、出版社に採用されるかどうか」ということです。

こうした質問に対して、私はいつも次のように問い返します。「あなたの主張をひと言で言い表わすことができますか？」と。

この質問に対して、あれこれと多くの項目をあげる方がいるのですが、それらを通じて何が言いたいのかはっきりしないことが多いのです。

たとえば、次のような具合です。

「話し方について書いてみようと思うのですが、どうでしょうか」

「話し方と言ってもいろいろあると思いますが、どのようなことでしょうか」

「人に好感を持たれる話し方です。人間関係に悩む人は多いと思いますが、人に好感を与える話し方を身につければ、コミュニケーションが円滑になって、人間関係も良好になります」

「人間関係を良好にするような話し方を、ひと言で言うとどうなりますか」

「まず、すぐに返事をすることが大切ですが、単に相づちを打つだけでも効果があります。また、一方的に話をするのではなく、絶えずキャッチボールをするように話のやり取りをすることも大切です。さらに、相手の言葉に十分に耳を傾け、話の本質をすばやく理解して、こちらから質問を投げかけると効果があります」

「なるほど。たしかにその通りかもしれませんね。でも、それらは話し方の技術です。私がお聞きしているのは、そうした技術の根底にある、あなた自身の考え方や主張です」

「主張ですか……」

「そうです。原稿を通じて、『自分はこのことを伝えたい』という強いメッセージです」

「うーん、やはりいろいろな技術をできるだけ多くあげて、人間関係に悩む人のために役立ててもらいたいということですかね」

このような姿勢で原稿を書いても、多くの場合、出版社の心を動かすような原稿にはなりません。

そのため、こうした質問をされる方に対しては、まずは自分の主張をひと言で言い表わせるようになるまで、考えを発酵させることをお勧めしています。

一方、「出版社に採用されるような原稿を書くには、いろいろと細かな技術が必要だ」と思う方もあります。たしかに、それ相応の技術は必要です。

しかし、いくら技術があっても、主張に力がなければその技術は生きてきません。逆に、技術は多少未熟でも、主張に力があれば出版社の心をとらえることができるのです（細かな技術については、3章と4章で取り上げます）。

拙著『「わかりやすい！」と言われたいなら、こう喋ろう』（毎日新聞社）では、人前でわかりやすく説明するための技術を取り上げていますが、その根底には、「臆病な人ほど、人前で話すのがうまくなる」という強い主張があります。資格スクールで講師をする以前は、私は人前で話したことがありませんでした。

そのため、デビュー時に受講生から零点をつけられ、極度に臆病になってしまったのです。

しかし、臆病になったことで、常に万全な準備をしてから講座に臨むようになりました。実は、このことが効を奏し、講師陣の中で最高点をつけられるまでになったのです。そして、「臆病は欠点ではない。すぐれた資質である」と主張したわけです。

また拙著、『ビジネスマンのためのわかりやすい文章の書き方』（実業之日本社）では、読み手に支持されるための技術を解説していますが、その根底には、「文章の形式よりも大切なことがある」、「上手な文章を書いても、読み手に支持されるとはかぎらない」という強い主張があります。

世の中には、「文章の形式を整えて上手な文章を書けば、読み手に支持される」と考える人が多いようですが、出版塾での経験を通じて、この考え方は間違っていることに気がつきました。

読み手の理解を促し、支持されるためには、形式を整えたり上手な文章を書いたりするよりも、もっと大切なことがあります。そのことを前面に押し出して原稿にまとめたのです。

一般に、出版社に原稿を売り込む際には、いきなり原稿を送るのではなく、企画書を送ります（企画書の作成については4章で詳述）。要するに、企画の内容をかいつまんでまとめ、それを売り込むということです。

ところが、すぐれた企画を持ちながら出版社に認められず、出版をはたせない人は大勢います。

では、出版社に見る目がないのかと言うと、決してそうではありません。企画のすばらしさが伝わるような企画書を作成していないからです。

その最たるものが、「主張をズバッと書かない」ことです。そもそも主張が不明確では、まともに読んでもらうことはできません。

また、細かな項目をあれこれと並べるような企画書を送っても、出版社の心を動かすことはなかなかできません。やはり、主張を端的に、しかもズバリひと言で表現する必要があるのです。このことが訴求力を増すのです。

2-5

世の中にはキラリと光る企画がたくさん埋もれています

出版塾を通じてわかったこと

出版社の編集者にお会いするとき、いつもたずねることがあります。それは、「持ち込まれる企画や原稿のうち、採用されるのはどれくらいですか？」ということです。すると必ず、「ほとんどダメですね」という答えが返ってきます。彼らは、細かな統計を取っているわけではないのでたしかな数字をあげることはできませんが、これまで私が得た感触では、おそらく採用される確率は1％未満だと思います。それも、1％をはるかに下回っているはずです。

では、いったい何がダメなのか。その理由はさまざまですが、ひと言で言うと、「光る企画や原稿がきわめて少ない」からです。

出版塾では出版企画も募集しています。とくにすぐれた企画の場合、私が出版社に直接売り込むことにしています。

ところが、実際に寄せられる企画は、一見すると、どれも採用されそうにないものばかりです。もっとはっきり言うと、まともに読んでもらえそうもないものがほとんどです。そうした企画を見ると、編集者の「ほとんどダメですね」という言葉もわかります。ただし、それはあくまでも「一見すると」です。企画書に書いてある表面上の文言をさっと読んだかぎりでは、どれも採用されないと思えるものばかりです。

しかし、寄せられた企画書をじっくり読んでみると、「この企画には、光る何かが埋もれているかもしれない」と感じさせるものもたくさんあります。

少し大げさな言い方をすると、企画書の文面の行間を読むような姿勢で見ていくと、その中に光るものを感じることが多々あるのです。

そのようなときは、こちらからメールや郵便、ときには電話で応募者に問い合わせます。そして、その企画の内容について何度かやり取りするうちに、徐々に光るものが見えてくるのです。

「ボランティア活動で得た経験を書いてみたい」というUさんが、企画を寄せてきました。Uさんは、「大地震のあった被災地での救援活動をまとめたい」と考えました。

実は、Uさんはそのときすでに、原稿を書き上げていました。そこで、その原稿を送ってもらって拝見すると、Uさん自身の救援活動がこと細かに書かれていました。

もし、この原稿を出版社に送っても、おそらく採用されないはずです。それどころか、ヘタをすると、まともに目を通してもらえない可能性すらあります。個人的なボランティア活動をいくら細々と書いたところで、編集者は関心を示さないからです。

そこで私はUさんに、「個人的な活動を書くのではなく、ボランティアの入門書のようなものを書いてみたらいかがですか」と持ちかけました。

実は、Uさんの体験記には、ボランティアの初歩も知らずに救援活動に参加し、かえって現場を混乱させる人たちの例が取り上げられていたからです。

もし、だれにでもわかるようなボランティアの入門書を書けば、ボランティアの初心者はもちろん、これからボランティアをしたいと考える人たちの役にも立つはずです。

それだけではありません。ボランティアの協力を得る被災地の人たちにも大いに役立つはずです。Uさん自身の体験談は、具体的な事例として原稿に適宜盛り込めばよいのです。

先にご紹介した塾生のKさんは、世界旅行の経験をもとに、既存のガイドブックには書かれていないノウハウを執筆中ですが、実はKさんの最初の企画は、個人的な旅行記でした。その企画を出版社に送っても、おそらく採用されないでしょう。

そこで、海外旅行者にアドバイスをするノウハウ本としてまとめることをお勧めしました。そして、Kさん自身の体験談は、ノウハウを書く中で、具体例やエピソードとして盛り込むことにしたのです。

塾生のMさんは自閉症でありながら、販売会社のセールスマンとして活躍しています。最初、Mさんはそのことをまとめた企画を送ってきました。要は、自閉症でもセールスマンとして活躍できるということをアピールしたかったのです。

ところが、企画書をじっくり読んで、何度かMさんとやり取りするうちに、Mさんが営業活動でとてつもない実績を持っていることがわかりました。

しかし残念ながら、Mさんの企画書を「一見」しただけでは、そのことはわかりませんでした。そのため、その企画書を出版社に送っても、おそらく採用されることはないと感じました。

そこで、自閉症という観点を取り下げて、大きな実績を上げたセールスの極意を書いてみてはどうかと勧め、現在Mさんは、それに沿って原稿を執筆中です。

ウエブショップを運営している50代のFさんが出版企画を寄せてきました。それを見ると、Fさんが過去に多額の借金を抱えていたことや、20代の若い女性と結婚したこと、近々子どもが生まれることなどが綴られていました。これでは、出版社はまともに目を通してはくれません。

ところがよく読むと、随所にウエブショップを成功に導くノウハウが散りばめられていました。

そこで、ウエブショップの成功ノウハウに焦点を絞って企画書を作成し、出版社に送ったところ、なんと翌日に2社、翌々日に1社から声がかかったのです。

このように、一見すると採用されそうにない企画でも、じっくり読んで、何度かやり取りしていくうちに、光るものを見出すことができます。これは、出版塾の活動を通してわかったことです。

「自分の主張を第三者に伝える」と言うと簡単そうに聞こえますが、実はとてもむずかしいことなのです。自分では「主張」しているつもりでも、いつのまにかひとりよがりな記述になったり、あるいは「主張」を前面に押し出してアピールすることに抵抗を感じ、オブラートに包むように書く人は多いものです。しかし、これでは編集者の目にはなかなか止まりません。

このように言うと、出版社の人が企画書を真剣に読んでいないように思う方もあるでしょう。

しかし、それは誤解です。編集者は寄せられた企画にはきちんと目を通してくれます。ただ、読んではくれますが、やはり限度があります。出版社には多くの企画が寄せられます。たくさんの企画書を「行間を読むように見ろ」というほうが酷です。

ましてや、何度もやり取りしながら、企画の中に埋もれている「光るもの」を探し出すほどの余裕はありません。彼らはボランティアをしているわけではないからです。この点は肝に銘じておくべきでしょう。

また一方では、最低限の礼儀すら欠いた企画書が多いことも事実です。前述したように、出版塾では企画を募集していますが、名前も名乗らずに企画書を送りつけてくる人や、「企画書を送ってやる」といった態度で申し込む人も少なくありません。このような態度で出版社に企画書を送っても、相手にされるわけがありません。

また、企画書の書き方がなっていないものもたくさんあります。出版塾では、企画書の書式や書き方をとくに指示せず、まったく自由に書いていただいていますが、およそ企画書と呼べないほど書きなぐってくる人も少なくありません。

これでは、出版社に相手にされるわけがありません。やはり、最低限の礼儀と形式は踏まえるべきです。なお、企画書の書き方については4章で取り上げます。

2-6

これが企画出版と協力（共同）出版の差

両者の差はこんなに大きい

出版塾には、いろいろな問い合わせが寄せられますが、最近では、「出版社に原稿を送ったところ、とてもよい評価を得たのですが、出版するには200～250万円もかかると言われました。どうすればよいでしょうか?」とか、「よい評価を得たにもかかわらず、どうして多額のお金を払わなくてはいけないのでしょうか?」といった質問が増えています。

こうした質問をする方の中には、出版の形態を理解していない人も多く見受けられます。

そこでここでは、出版の形態について整理しておきましょう。出版には、「自費出版」、「協力（共同）出版」、「企画出版」という3つの形態があります。それぞれについて、簡単に見てみましょう。

①自費出版

執筆者が費用を全額負担して出版するタイプで、出版社はもちろん、印刷会社でも手がけています。

最近、自分史を書く人が増えていますが、自分史のほとんどが自費出版です。その他、エッセイや詩を自費出版したり、絵画集や写真集を自費出版する人もいます。

自費出版された本が、一般の書店に並ぶことはありません。自費出版本を扱う書店もありますが、ごく一部にすぎません。

また、執筆者自身が書店を開拓して置いてもらうことも可能ですが、一般の人にはなかなかそこまでできません。

自費出版にかかる費用はまちまちです。印刷部数や装丁などによって、かなりの差がでます。数十万円でできるものもあれば、数百万円かかるものもあります。なお、自費出版本は多くの場合、親戚や知人への贈呈目的で作るため、一般的にはそれほど部数を刷ることはありません。

②協力（共同）出版

これは執筆者と出版社が、費用を折半して出版するタイプです。最近、新聞等で「あなたの原稿をお寄せください」とか「あなたの原稿を本にします」という広告が増えていますが、これらは協力出版を手がける会社の広告です。

要するに、一般から原稿を募集し、費用を折半して出版するということです。

協力出版される本のジャンルはきわめて広く、小説やエッセイ、詩歌といった文芸ものから、ビジネス書や自己啓発書、実用書などのノンフィクションなどまで、多岐にわたっています。

協力出版で執筆者が負担する金額はまちまちです。50万円程度でできるものから、数百万円かかるものまでありますが、200～250万円程度が一般的です。協力出版では、出版社側が費用を半分負担してくれるとはいえ、執筆者がお金を払うという意味では、自費出版に準じたものと言えます。

協力出版された本が書店に並ぶことはありますが、多くの場合、一部の限られた書店に一時期置かれるにすぎません。

出版社によっては、協力出版した本を新聞広告等で宣伝することもありますが、多くの場合、有料です。つまり、執筆者がお金を払って広告を出してもらうわけです。

③企画出版

出版社が、費用を全額負担して出版するタイプです。したがって、執筆者には金銭的な負担は一切ありません。それどころか、印税を受け取ることができます。

ある程度の規模以上の出版社になれば、出版された本は文字通り、全国の書店に並びます。発刊直後に5～10冊くらい平積みされることもあります。

また出版社によっては、新聞などに広告を出してくれることもあります。広告費用は、もちろん出版社負担です。

さて、この項の冒頭での質問に戻りましょう。「出版社に原稿を送ったら、とてもよい評価を得たのですが、出版するには200～250万円かかると言われました。どうすればよいのでしょうか？」とか、「よい評価を得たにもかかわらず、どうして多額のお金を払わなくてはいけないのでしょうか？」といった質問が増えているわけですが、これは協力（共同）出版に関わる相談と言えるでしょう。

協力出版を手がける会社に原稿を送ると、原稿の内容を審査されます。そして、審査結果によって、企画出版、協力出版、自費出版のいずれの形態に適しているかを判定されます。

とくにすぐれた原稿の場合は企画出版されることもあるようですが、多くの場合、かなり高い評価をされたとしても、最終的には協力出版を勧められます。

1本の原稿を書き上げるような人は、プライドが高いものです。そのため、高い評価を得ながらも、協力出版を勧められて傷つく人も少なくありません。

私は、協力出版を勧める会社を批判するつもりはまったくありません。私が強調したいのは、協力出版と企画出版ではレベルに相当の開きがあって、そのことを認識していない人が、あまりにも多いということです。

自費出版にしろ協力出版にしろ、執筆者がお金を負担することにかわりはありません。これに対して企画出版の場合、お金を払うどころか、逆にお金をもらって本を出すわけです。

これはまさに、プロとアマチュアの差と言っていいでしょう。お金を払って本を出すのはプロではありません。しょせんはアマチュアです。

これに対して、お金をもらって本を出すのはプロです。筆一本で生活するというレベルから見れば、一度企画出版をはたした程度ではとてもプロとは言えませんが、「プロフェッショナル」の「プ」の字くらいには相当します。

きびしい言い方をすると、協力出版する会社に褒められたからといって、即企画出版してもらえると考えるのは、プロとアマチュアの差を認識していないと言っていいでしょう。認識不足のままで原稿を書いても、企画出版はなかなか実現できません。

このように言うと、多くの方が「自分には企画出版なんて、とても無理」と思ってしまうかもしれません。しかし、決してむずかしいことではありません。

先に述べたように、「光るもの」を前面に押し出して、しかもそれをひと言で言い表わせるまでに発酵させればいいのです。

とは言うものの、企画出版をはたすためには細かな技術も必要です。次に、この点について見てみましょう。

3 章

原稿執筆の落とし穴

多くの原稿が採用されない理由

テーマが決まったら、次はいよいよ執筆です。

原稿を書くといっても、ただがむしゃらに書けばよいというものではありません。出版社に嫌われるような原稿にならないように気をつけたいものです。

ここでは原稿執筆に際して、陥りやすいパターンを整理します。

3-1 出版社に嫌われる原稿

出版社に嫌われる14のパターン

原稿は、やはりしっかりと書かなくてはなりません。このように言うと、文章の形式を整えて、上手な文章を書くことを連想する方が多いと思います。

たしかに、それらも重要ではありますが、いくら形式を整えて上手な文章で綴っても、原稿を読んでもらうことができなければ意味がありません。

そこでここでは、読んでもらえない原稿の例を見ることで、執筆に際して陥りやすいパターンを整理したいと思います。

①「能書き」の長い原稿

この項目を最初に取り上げたのは、「能書き」を長々と書く人があまりにも多いためです。

次の文章は、「大競争時代における勝者の条件」について書いたものです。

　1990年以降、現在にいたるまで、日本経済は苦境の連続であった。政府は金融政策、財政投融資による公共事業投資をはじめ、いわゆる不良債権処理、構造改革のための様々な政策を打ち出したにもかかわらず、問題の解決には程遠いものがあり、日本経済は往年の力強さを取り戻すことはできなかった。

　その根本的な原因に、日本企業の設備投資の長期的な停滞があった。政府の景気刺激策に反応して、企業が設備投資を積極的に行なうようになれば、それが日本経済全体を活性化させる起爆剤となるはずであったが、そのシナリオは常に裏切られてきた。

　金融機関による貸し渋り、貸しはがしなど、設備投資意欲を萎縮させるような事態が影響しなかったとは言えない。しかし、融資に慎重になった銀行といえども、積極的な市場開発や製品開発のための投資についても、断り続けるということはあり得ないことである。まして、市場から資金を集める直接金融の手法もとりやすくなってきたわけであるので、いくらでも資金調達の方法はあると言ってよい。

にもかかわらず、設備投資は盛り上がらないままで推移し、それが日本経済全体の浮揚の重しになってしまったのである。企業が血道を上げていたのはリストラという名目による人減らしであったことは、急激に高まった失業率から見ても明らかである。

しかし、このようなマクロの動きの中にあって、よく見ると積極的に投資を行ない、新製品を開発して需要を開拓し、消費者に喜んでもらいながら、結果として好業績を上げてきた企業も存在する。トヨタ自動車、キャノン、花王がその代表的な企業である。その他にも、マブチモーター、ヤマト運輸、シマノなど、地味ながら特化した分野で圧倒的な強さを誇っている企業もある。また、本田技研工業、セブン-イレブン、任天堂も好業績をあげている。

ここで再度確認しておきますが、この原稿のテーマは「大競争時代における勝者の条件」です。ところが能書きが長すぎて、いつまで読んでも本題に入りません。これでは読み手は、「早く本題に入れ」とイライラしてしまいます。こうなったら最後、もう目を通してもらうことはできません。

では、どうして能書きが長くなるのでしょうか。これには2つの理由があります。ひとつは、「知識をひけらかしたい」という欲求です。原稿を書く際、つい力が入って、「どうだ、オレはスゴイんだぞ！」という気持ちになってしまうのです。

でも、能書きを長々と書いても、決して編集者はスゴイなどとは思ってくれません。

もうひとつの理由は、本題に関する記述に自信がないことです。自信がないため、能書きを長く書いてごまかそうとするわけです。そのような原稿が採用されるはずがありません。自分の主張に自信がないなら、自信が持てるまでがんばるべきです。

さて、先に見た原稿ですが、能書きを省いて次のように書けば、ずいぶん印象が違ってきます。

トヨタ自動車、キヤノン、花王。これらの企業名を見て、何を連想するであろうか。おそらく多くの人が、「好業績をあげている優良企業」というイメージを抱くはずである。

また、本田技研工業、セブン-イレブンや任天堂といった企業名を見ても同様の感想を持つに違いない。あるいはマブチモーター、ヤマト運輸、シマノなど、地味ではあるがやはり優良企業のイメージが強い企業も少なくない。

では、どうしてこれらの企業は好業績をあげることができたのであろうか。これには2つの大きな理由がある。

ひとつはイノベーションである。トヨタの生産方式、キャノンや本田技研の技術革新、花王の新製品開発など、いずれもイノベーションで成功を収めている。

しかし、これらの企業が成功を収めた理由はそれだけではない。それが2つ目の理由、「マーケティング」である。実は、勝ち組の多くは優れたマーケターでもある。

ところが、意外にもこのことはあまり知られていない……

②引用を多用した原稿

単に能書きを書くだけでなく、引用を多用して能書きを書くケースもあります。実は、先に見た能書きの長い原稿には続きがあります。それが次の文章です。


マネジメントを発明したと言われるドラッカーは、1954年に著した著書で、「企業の目的は、市場（顧客）を創造することである。したがって、企業の基本的な機能は、マーケティングとイノベーションしかない」と述べ、全世界を驚かせた。

この著書の中で、ドラッカーは次のように述べている。「企業の目的が顧客の創造であることから、企業には2つの基本的な機能が存在することになる。マーケティングとイノベーションである。マーケティングは、企業にとってあまりにも基本的な活動である。強力な販売部門を持ち、そこにマーケティングを任せるだけでは不十分である。マーケティングは、単なる販売よりもはるかに大きな活動である。それは専門化されるべき活動ではなくて、全企業に関わる活動である。第二の企業家的機能はイノベーションである。より優れた、より経済的な財やサービスを創造することである。企業は、単に経済的な財やサービスを供給するだけでは十分ではない。より優れたものを創造し供給しなければならない」

このように引用が長くなると、執筆者の主張が伝わってきません。編集者にしてみれば、「こうした一般論を書く人ならたくさん知っている。何も、あなたに書いてもらわなくてもいいんだ」と思うはずです。

引用を多用するのは、自分の原稿を権威づけたいからです。しかし、学術論文ならいざ知らず、一般の原稿を書く際には最低限に抑えたいものです。引用を多用するよりも、自分の主張を端的に示したほうがはるかに効果的だからです。

③やたらと大きな問題を取り上げた原稿

原稿を書く際、つい気合いが入りすぎて、やたらと大きな事柄を取り上げてしまうケースがあります。

次の文章は、サラリーマンに向かって「農業に転身しよう」と呼びかけたものです。

日本では、様々な社会システムが変革・改革の必要に迫られています。農業も例外ではありません。農業も今、大きな変革の時（農業ビッグバン）を迎えています。変革の時は、またチャンスの時でもあります。日本という国に、食糧の自給という意味から絶対に必要な農業。農業は、国にとって必要不可欠な産業なのです。ところが、高齢化し、後継者のめども立たず、荒れ果てていく、あるいは宅地となっていく農地は跡を断ちません。

今、農業は本当に危機に瀕しています。その日本の農業の危機を救うのは、決して大規模な農家や農業法人ではありません。

規模は大きくなくとも、自らの責任で田畑を耕し、自らの責任で農業経営し、農業の存在価値を体現することのできる自立した新農家と呼べる存在こそが、求められているのです。

農業はやりがいのある、そして存在価値の大きな仕事です。もしかしたら、そのことに気づいているのは、農業を外から眺めているあなた自身かもしれません。

……………

このように、「社会システム」、「農業ビッグバン」、「食糧の自給」、「農業の存在価値」といった大きな事柄を取り上げると、本来伝えるべき「農業に転身しよう」という主張がぼやけてしまいます。その結果、読み手は「自分とは無縁の世界」と感じて、離れていってしまいます。

こうした記述を続けると、この後にどんなにすばらしいことが書かれていても、読んでもらうことはできません。読んでもらえなければ、採用されることもありません。「農業に転身しよう」と呼びかけるのであれば、もっと身近なことを取り上げるべきでしょう。たとえば、農業に転身すれば通勤ラッシュから解放されるとか、家族と一緒に過ごす時間が増えるとか、体が丈夫になるといったことをあげると、読み手は自分のこととして受け止めてくれるはずです。

④自己陶酔的な原稿

原稿を書くとき、つい自己陶酔的な気分に浸って書いてしまう人も少なくありません。

次の文章は、女性企業家が幾多の困難を乗り越えて、経営を軌道に乗せるまでのことをまとめたものです。

……………………………………

7年前の七夕の夜であった。私は荒川の土手に立ち、遠い空をただ呆然とながめていた。わが社の主力商品○○の販路が断たれ、進退きわまったのだ。もう、なにもかもが灰色に見えた。
すると、背後で子供たちの声がした。「おばちゃん、ここでなにしてんの?」。その声に私ははっとした……

……………………………………

経営が行き詰まって途方に暮れている執筆者の心情を思うと、気の毒になります。しかしそのことは、「困難を乗り越えて経営を再建させること」とは、まったく無関係です。

こうした辛い過去の思い出は、執筆者本人にとっては決して忘れることのできない重要なことでしょうが、一般の読者には関係がありません。心情を綴った文章が短いならまだよいのですが、実は右の文章はまだまだ続きます。

右の文章を読んで、「これは特殊な例だろう」と思う方もいるでしょうが、決してそうではありません。出版塾にはいろいろな原稿が寄せられますが、こうした自己陶酔的な原稿はかなり多いのです。

そしてやっかいなことに、こうした自己陶酔的な原稿を書く人にかぎって頑固です。私は自己陶酔的な原稿に接するたびに、「この記述では出版社には採用されません」と執筆者に注意を促しますが、「いや、その点は譲れない」と言って、忠告を無視する人が多いのです。

自己陶酔的に書くケースとして、エッセイ風に仕上げる人もいます。ビジネス書や自己啓発書の場合、エッセイ風の記述は嫌われます。その理由は、伝えるべき技術やノウハウを端的に表現できないからです。

余談になりますが、エッセイを出版社に売り込んでも、採用される可能性はかぎりなくゼロに近いと言えます。

きつい言い方をすると、一般人のエッセイなど見向きもされません。出版社がエッセイを出すときは、たいてい有名な作家や著名人に依頼します。そして、打ち合せや原稿のチェックにかなりの時間が割かれます。

そのため、一般人のエッセイに目を向ける余裕などないからです。

⑤手抜きの原稿

書いた本人にはわかっていても、第三者が読むとわからないことがあります。説明や情報が不足していて、読み手の役に立たないのです。

原稿を書く際には、できるだけ読み手の立場に立って書く必要があります。手抜きをせず、「これで理解できるだろうか?」、「この記述でイメージが湧くだろうか?」と自問しながら書くべきです。

次の文章をご覧ください。

> 原稿を書き上げたら、すかさず出版社に売り込みましょう。あなたの原稿のよい点を強烈にアピールするのです。

さて、この文章をお読みになって、はたして役に立つでしょうか。書いた本人は、出版社にどうやって売り込むかはわかっていますが、第三者にはまったくわかりません。

また、どうやってアピールするのかもわかりません。これでは情報不足で、カユイところに手が届きません。何も言っていないのと同じです。

次の文章をご覧ください。

コンサルタントとして独立したら、まずは3人の顧客（クライアント）を獲得しましょう。3人の顧客に懇切丁寧に指導して結果を出せば、あとは口コミで新たな顧客を得ることができるからです。

たしかにその通りかもしれませんが、読み手がいちばん知りたいことは、どうやって最初の3人の顧客を得るか、ということです。こうした具体的なことには何も触れずに、単に「3人の顧客を獲得しましょう」と言ったところで、読み手の役には立ちません。これも、ほとんど何も言っていないのと同じです。

一方、むずかしい言葉を多用する人もいますが、これも一種の手抜きです。読み手の立場に立っていない証拠です。

次の文章をご覧ください。

産業構造の転換にともない、企業に求められる戦略も変貌しつつある。これまでの工業化社会の枠組みの中では、収穫逓減の法則を見据えた戦略が必要であったが、現在では発想を大きく変えて収穫逓増の法則を追求する企業が生き残るようになった。収穫逓増の法則を活用するには、いち早くデファクトスタンダードを確立すべ……く、他社を囲い込む必要がある。

この文章は、「収穫逓減の法則」、「収穫逓増の法則」、「デファクトスタンダード」といったむずかしい言葉を無造作に使っていて、しかも説明の補足もありません。こうした記述が続くと、読み手はついてきてくれません。

⑥抽象的な原稿

変にカッコをつけて、やたらと抽象的な原稿を書く人がいます。「具体的に書くこと」を、レベルが低いと勘違いしているかのような原稿です。

次の文章は、「企業活動の特色と経営者の役割」について述べたものです。

企業の活動は、主として当該企業が属する市場との関連で営まれているのであるが、市場以外にも多くの外部環境要因と関係を持ち、しかもその範囲は多岐にわたっている。企業活動は、これらの環境要因との間の相互作用のうちに展開されるという特色を持っている。経営者は環境情報を敏速かつ的確にキャッチし、自らの意思決定に反映させると同時に、決定にしたがってとられた企業行動および経営成果……………

が、こんどは様々な環境要因に影響し、変化させていくことを認識しなければならない。

こうした記述が続くと、読み手からはそっぽを向かれます。執筆者は情報を発信する側なので、ややもすると、「自分が主役」と思いがちです。そして知らず知らずのうちに、「自分が上で、読み手は下」と勘違いし、わざとむずかしく書こうとするのです。いくら「自分が主役」と思っても、原稿を読んでもらえないのでは、何の意味もありません。読み手を見下した原稿など、採用されるはずがありません。

⑦焦点が定まっていない原稿

たくさんの項目をあげるものの、それらを通じて何が言いたいのかわからない原稿があります。要するに、「あれもこれも」と、単に知識を羅列しただけで、肝心の執筆者の主張が確立されていないのです。これでは、まともに目を通してはもらうことはできません。

前述したように、出版社の心を動かすには、主張をひと言で言い表わせるようでなければなりません。

次にあげるのは、聴衆の支持を得るための技術について述べたものです。

「人前で上手に話し、聴衆の支持を得るためには、次のことを習得する必要があります。

・笑顔を見せる
・明るい声で話す
・適宜、話を脱線させる
・冗談を言う
・きちんとしたレジュメを作る
・黒板を有効に利用する
・聴衆の目を見て話す
・声に強弱をつけて話す
・具体的な話をする
・身振り手振りをまじえて話す
・語尾をはっきりさせる

・最初に話のポイントを示す
・数字をあげて話す
・絵や図表を使って話す
・むずかしい言葉は説明を補足する
・聴衆に疑問を投げかける
・常に感謝の気持ちを持って話す
・決められた時間内に話をおさめる
・身だしなみに気をつける
・会場をまんべんなく見渡す」

このように、単に細かな技術を並列的に書き綴っていくだけでは、訴求力はありません。たとえ細かな技術をあげざるを得ないにしても、それらを通じて、主張すべき点をはっきりさせる必要があります。

たとえば、「臆病な人ほど聴衆に支持される」とか「大切なのは話し方ではなく、話す内容だ」といった具合に、ズバッと言い切れるものを明確にすべきです。そして、その主張を浮き彫りにするような構成を組んで書けばいいのです。

⑧横文字（カタカナ言葉）の多い原稿

次の文章は、これからの社会人に必要な資質について述べたものです。

これからのビジネスパーソンは、単にビジネススキルをアップさせるだけでなく、インターオペラビリティの視点に立って、常に他のドメインに関心を払わなくてはならない。こうしたスタンスが、やがてストラテジックな発想を生むのである。

このように横文字（カタカナ言葉）を多用すると、なんとも言えない違和感があります。違和感があるだけならまだいいのですが、文章によっては意味が通じなくなる場合もあります。

横文字を使うとカッコがいいと思う人もいるでしょうが、やはりそれも程度の問題です。日本語で書いてわかるものは、できるだけ日本語を使ったほうがよいでしょう。

ちなみに、先の文章を日本語を使って書くと次のようになります。

これからの社会人は、単に仕事の技術を向上させるだけでなく、相互運用の視点に立って、常に他の領域に関心を払わなくてはならない。こうした姿勢が、やがて……戦略的な発想を生むのである。

⑨会話を多用した原稿

原稿を書く際、会話を多用する人がいます。ひどいときは、ほとんどすべてを会話形式で通そうとします。

単調な記述が続いたり、雰囲気を変えるために、一部に会話を取り入れるのはいいでしょう。しかし、あまりにも会話を多用しすぎると、取り込める情報量が激減するため、ビジネス書には不向きです。

次の文章は、原稿を書く際のポイントを会話形式で表わしたものです。


「原稿を書く際、もっとも大切なことは何ですか？」

「君は何だと思う？」

「うーん、やっぱり上手な文章を書くことじゃないでしょうか」

「たしかに、文章は下手よりもうまいほうがいいね。でも、文章よりもっと大切なことがあると思うよ」

「文章よりも大切なものですか？」

「そう」

「それはいったい何ですか？」

「今、ここにきれいに盛り付けられた料理があるとしよう」

「ええ」

「その料理をひと口食べてみてまずかったら、君はどうする？」

「もう食べないと思います」

「そうだね。まずかったら、もう口にはしないはずだ。でも、見栄えはあまりパッとしなくても、おいしかったら食べるんじゃないか」

「ええ、食べると思います」

「原稿を書くのも、それと同じだよ」

「と言いますと？」

「要するに、上手な文章で飾っても、読んでつまらなかったら、最後まで目を通してもらえないということだよ」

「なるほど。つまり、読者の関心を引くような興味深いテーマを選ぶということですね」

「その通り」

このように、会話を長々と続けると間延びしてしまいます。また、取り込める情報量も激減します。この会話で伝えたいことは、「原稿を書く際には、上手な文章を書くことよりも、興味深いテーマを選定することが大事」ということです。

たったこれだけのことを伝えるのに、多くの紙幅を費やさなくてはなりません。そのため、必要な知識や技術を端的に書かなくてはならないビジネス書や自己啓発書、実用書などには、会話形式は向いていないのです。

⑩内輪話のような原稿

自分の身の回りのことばかりに気が向いて、肝心の読み手に注意が向けられていない原稿があります。

次の文章は、「リストラの嵐」を描いたものです。

同世代の友人と酒を飲めば、口をついて出てくるのは「リストラ」の4文字。いったい会社は、私たち40代・50代を必要としているのだろうかと思ってしまいます。

私も正正堂堂の中年、今年49歳になります。ついこの間まではサラリーマン生活をしていました。

「やっぱり、おまえもか！　オレもだよ！」と、酔いがまわるにつれ、「やんなっちゃうよな」「やっぱり、次、考えたほうがいいかもな」となります。それでも杯は気持ちよく傾けられ、お互いに酔うにつれ、気分だけは上々なのですが……。

翌日の会議では、またまた現実に引き戻されてしまいます。「あなた、それじゃ自分の給料すら稼いでいないということですよ」「本当にその数字を達成できるんですか」「先のこと、何も見えてこないんですよ」と、上司のお決まりのセリフ。「未来のことなんか、だれがわかるもんか」などと、心の中でつぶやいています。「おっしゃる通りなのですが、地道に努力はしているつもりです。長い目で見ていただければ、結果はきっとついてくると信じています」などと野暮なことを言ってみたところで、会社が期待しているのは「今日」の結果。

まったく会社というのは、すぐに結果を出せる2割の非凡な（あるいはラッキーな）社員と、グズグズしている8割の平凡な社員で構成されているに違いありません。つくづくそう思います。もちろん、私は8割とみなされている口です。

こうした内輪話のような記述が続くと、読み手は読む気をなくしてしまいます。友人同士で回し読みする小冊子ならこれでもいいでしょうが、メジャーの出版を目指すので

あれば、もっと多くの人に向かって書く必要があります。内輪話をいくら書いても、編集者は見向きもしてくれません。

⑪なれなれしい原稿

読み手に親近感を抱いてもらうために、変になれなれしく書く人がいます。次の文章は、先の続きで、「会社にしがみつく必要はない」ということを述べたものです。

そりゃあ会社も、リストラを勧告する上司自身も、生き残りをかけて必死なのはわかります。経営者も上司も、私たちと同じ年代だったりするわけですからね。

でも、ちょっと待ってください。「ノアの箱舟」じゃあるまいし、生き残るべきは会社や上司ではなく、あなたであり私でしょう。

そう、なにも会社にしがみつかなくても、生きていく道はあるはずですよね。私たちから見れば、断じてそう思いたいじゃないですか。しょせん会社という箱船は、永遠ではないのですから。

あなたや私の一生よりも、案外、会社の寿命のほうが短いのかもしれませんよ。

書いた本人は、くだけた感じを出そうとしているのでしょうが、読み手はそうは感じてくれません。ふざけた感じがして、まともに読もうという気がなくなります。単調な話が続いた後で、多少くだけた感じで書くのはいいでしょうが、それも程度の問題です。くだけた記述が長々と続くと、読み手は嫌気がさすものです。

⑫感情むき出しの原稿

自分の主張を前面に押し出すのはいいのですが、つい気持ちが高ぶって、感情をむき出しにして書く人がいます。

次の文章は、既存の転職関係の本について述べたものです。

世の中には「成功する転職法」に関する本があるが、どれも机上の空論にすぎない。しょせんはきびしいリストラを経験したことのない学者や評論家が、頭の中でこねくりまわした観念論である。だから、説得力がまったくと言っていいほどない。私のように実際にリストラにあい、何度も面接試験で落とされた人間でなければ、本当の転職法など書けるはずがない。

たしかに、その通りかもしれませんが、このように感情をむき出しにされると、これもまた、まともに読もうという気がなくなります。

最初は冷静に書こうと思ってはいるものの、書き進めていくうちに気持ちが高ぶって、ついつい感情的になってしまうのかもしれません。でも、やはり出版を目指すのであれば、気持ちを落ち着けて、冷静な気持ちで書くべきです。

⑬自分史のような原稿

テーマはしっかりしているものの、原稿に自分の足跡を長々と書く、いわゆる自分史のような原稿も多いものです。

出版塾に、リストラ後、見事に独立開業をはたしたWさんが入ってきました。Wさんは、そのノウハウを書こうと思ったのです。

ところが原稿を見ると、リストラで辛い目にあった体験談が長々と書かれていました。私は、「辛い体験は、Wさんにとっては忘れがたい思い出でしょうが、読者には関係がありません。Wさんの個人的な体験はできるだけ削除して、本題の独立開業のノウハウを書いてください」とアドバイスしました。

Wさんは、いちおうは私のアドバイスを受け入れたものの、その後の原稿を見ても、なかなか自分史色が抜けませんでした。

結局、自分史色が完全に抜けるまでに、実に半年もかかりました。

一般人がいざ原稿を書こうとすると、自分の思い入ればかりが先にたって、自分史を綴ってしまいがちです。しかし、いくら自分史を書いたところで、編集者は決して採用してはくれません。この点は肝に銘じておくべきです。

⑭校正していない原稿

原稿は必ず校正しましょう。校正していない原稿は、少し読んだだけでわかるものです。誤字脱字が多かったり、記述が重複していたりするため、すぐにわかります。

原稿を書き終えてホッとすると、つい校正を忘れてしまいがちですが、原稿の中身がいくらすばらしくても、校正をしていないと、執筆者の姿勢を疑われてしまいます。

校正は、「文字の校正」と「文章の校正」に分けて行なうとよいでしょう。まず、「文字の校正」ですが、ここでは文章の内容に気をとられることなく、ひたすら文字だけを追います。内容に気をとられると、文字を「見る」のではなく、ついつい「読んで」しまうからです。

あやしいと思える言葉は、辞書を使って調べましょう。たとえば、「ここでは『伸びる』と書いたが、『延びる』が正しいのではないか」とか、「『超える』ではなく、『越える』が正しいのではないか」という具合に、入念に調べます。

パソコンで原稿書く場合は、変換ミスに注意しましょう。「企業」が「起業」となったり、「週間」が「習慣」となるケースは意外と多いものです。

次に「文章の校正」ですが、この場合は「文字」ではなく、「文章」を見ることに重点を置きます。

「論理の展開が矛盾していないか」、「誤解を招く表現はないか」、「表現が回りくどくないか」、「記述が重複していないか」などの点に気をつけて、入念に文章をチェックしましょう。

さて、これまで嫌われる原稿のパターンを見てきましたが、いくら上手な文章で形式を整えて書いても、このようなパターンに陥ったのでは、まともには読んでもらえません。逆に、形式が整っておらず、文章があまり上手でなくても、これらのパターンに陥っていなければ目を通してもらうことができます。

大切なことは、常に相手（読み手）の立場に立って書くということです。主役は書き手ではありません。読み手こそが主役なのです。この点を忘れた原稿が日の目を見ることはありません。

3-2

最初から無理に差別化を狙うな

あなたが得た結論は、すでに差別化されている

「今、○○について書いてみようと思うのですが、既存の本とどのように差別化を図ればいいか、迷っています」――こうした質問を受けることがあります。たしかに、いくらすばらしいテーマを得ても、それが既存の本とまったく同じであれば、なかなか採用されることはありません。

しかし、差別化にばかり目が向くと、本来主張すべきことがぼやけて、説得力に欠けてしまいます。いきなり差別化について考えるのではなく、最初はやはり、自分の主張を明確にすることが大切です。

2章で見たように、「疑問」や「悔やしさ」や「不便」を追求して、自分なりに実証を得ることができたら、それをひと言で言い表わせるようになるまで発酵させましょう。

それをテーマの中心に据えればいいのです。

実は、自分自身が得た結論というのは多くの場合、すでに差別化されています。拙著『「わかりやすい!」と言われたいなら、こう喋ろう』(毎日新聞社)は、人前で話す技術をまとめたものですが、この手の本は、すでにたくさん出版されています。書店に行けば、「話し方」の本のコーナーが設けてあるほどです。

にもかかわらず、この本がなぜ出版されたのかというと、すでに十分に差別化されていたからです。

しかし私は、原稿を書く際には、自分の主張を端的に著すことに集中しただけで、「差別化をしよう」などとはまったく考えていませんでした。

資格スクールで零点をつけられた私はその後、「話し方」に関する本を読んで勉強しました。

ところが、読んではみたものの、何とも言えない違和感を感じ、「実戦には使えない」と思いました。

次ページの図表1をご覧ください。

「人前で話す」と言っても、聞き手の状況はさまざまです。この図は、いろいろな聞き手を示しています。聞き手が1人のときもあれば、複数のときもあります。

図表1｜聞き手はさまざま

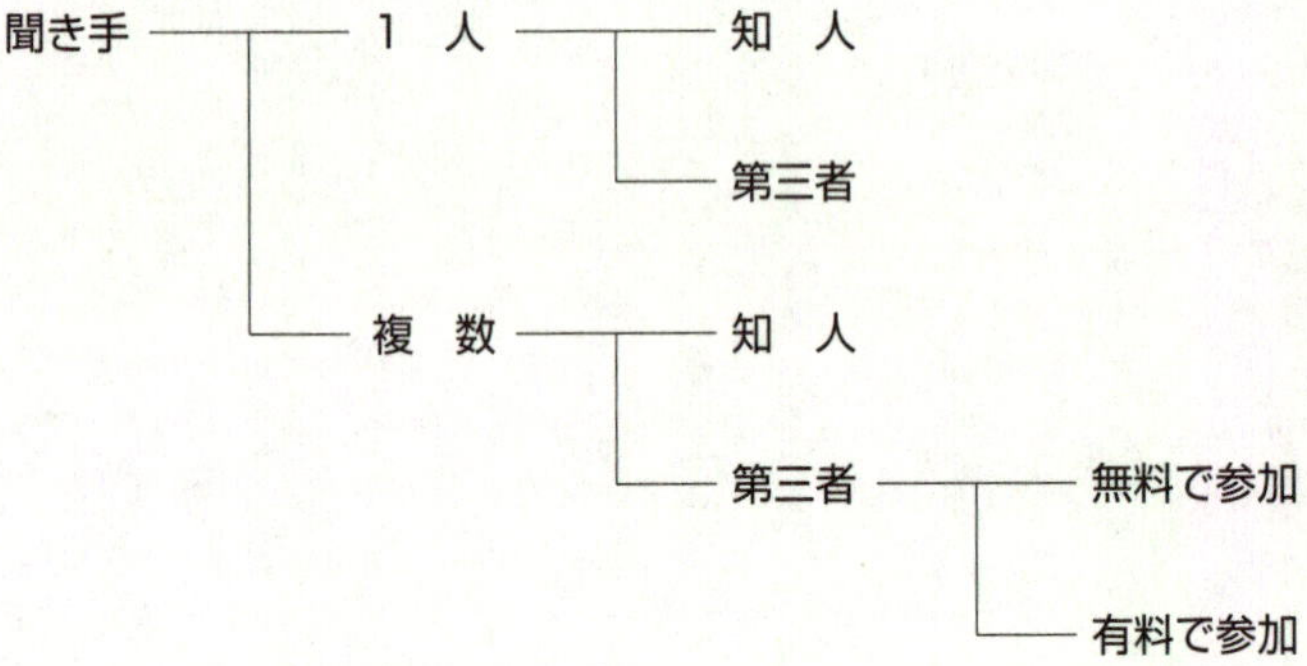

また、知人であることもあれば、第三者であることもあります。さらに、聞き手が複数の場合、結婚式の披露宴のように無料で参加することもあれば、セミナーのように有料で参加する場合もあります。

このように、聞き手の状況はさまざまであるにもかかわらず、既存の本はこれらをひとまとめにして書いているのです。

そのため、資格スクールで講義をする私にとっては、使えない技術もたくさんありました。

たとえば、聞き手が１人で知人の場合、話し手があいづちを打つとか、相手の話を注意深く聞くといったことが重要となりますが、こうした技術は、資格スクールで大勢の受講生に向かって話をするときには使えません。

そこで、私は聞き手を、「複数の第三者で、しかも有料で参加している人」に特定しました。この時点で、すでに既存の本とは差別化されているわけです。

くれぐれもご注意いただきたいのですが、私は最初から、既存の本との差別化を狙っていたわけではありません。

あくまでも、「話し方を勉強すれば、本当に受講生に支持されるだろうか」という疑問を追求したにすぎません。そして、自分なりに得た結論を書いたまでのことです。

拙著『ビジネスマンのためのわかりやすい文章の書き方』（実業之日本社）は、読み手に支持されるような文章の書き方を取り上げたものですが、やはりこの手の本も、数多く出版されています。それにもかかわらず出版されたのは、既存の本と差別化されていたからです。

塾生とやり取りするうちに、形式を整えたり文章を飾ろうとする塾生が多いことに気がつきました。

ところが、多くの原稿はわかりづらく、読み手に支持されるようなものではありませんでした。

そこで私は、「文章の書き方」を習得することと、「読み手に支持されること」とは違うと考え、それを原稿にまとめたのです。

ここでもご注意いただきたいのですが、私は最初に既存の本を読んで、「これらとは違ったものを書こう」と考えたわけではありません。あくまでも、自分が感じた疑問を追求しただけです。

もし最初から、「既存の本と違ったものを書こう」とか、「どのような切り口にすれば、差別化できるだろう」と、あれこれ考えて原稿を書いたとしても、説得力あるものにはならなかったはずです。説得力に欠けていたら、いくら既存の本と差別化されていても、出版物として採用されることはないのです。

重要なことは、最初から差別化を図ろうとするのではなく、あくまでも自分自身が感じた「疑問」や「悔やしさ」、「不便」を追求し、自分なりに解決策を見出していくことです。

そして、それが現実の場で実証できたら、次はそれをひと言で言い表わせるようになるまで発酵させることです。こうした姿勢が、説得力のある原稿を生むのです。

さて、これまで原稿の内容に関することを見てきましたが、次項からは、原稿の形式について整理していきましょう。

3-3 書式に決まったものはない

しかし、いちおうの目安はある

ではここで、原稿の書式について見ていきましょう。

①手書きの原稿とパソコン（ワープロ）の原稿について

今では多くの方が、パソコン（ワープロ）で原稿を書くようになりました。しかし、まだ手書きで原稿を書く方もいます。また、パソコンは使えるものの、あえて手書きにこだわる方もいます。

そのため、「出版社は、手書きの原稿は受け付けてくれるだろうか？」と不安を感じる手書き派の方も多いはずです。

たしかに出版社によっては、手書きの原稿を嫌うところもあります。しかし原則的には、手書きの原稿でも受け付けてくれます。

ただ手書きの場合、業者に頼んで打ち直さなくてはならないため、出版されるまでの期間が長くなります。

通常、パソコンのデータを提出すれば、2～3ヵ月後には出版されますが、手書き原稿の場合は4～5ヵ月かかります。

また手書きの場合、打ち直す費用を出版社が負担するため、その分、印税の条件が不利になることがあります。通常、初版の印税率は5～10%が相場ですが、手書きの場合は、3～8%と低めに設定されるのが一般的です。

このように、手書き原稿の場合、期間や印税で多少不利になることはあるものの、出版社は受け付けてくれるので、手書きの方も安心して原稿を書いてください。

なお、原稿用紙にはとくに決まったものはありません。縦書きでも横書きでも大丈夫ですが、通常は400字詰めの原稿用紙を使います。

ちなみに1冊の本を作るには、絵や図表を含めて400字詰めの原稿用紙で300枚程度の原稿が必要になります。

②書式について

手書き原稿の書式は、今見た通りですが、パソコン原稿の場合も、これといって決まった書式はありません。縦書きでも横書きでもかまいません。また、用紙の大きさも自由です。

ただ一般的には、Ｂ５サイズかＡ４サイズの原稿にまとめます。これはあくまでも目安にすぎませんが、Ｂ５サイズの場合、１ページを１２００文字、Ａ４サイズの場合は１６００文字程度にするとよいでしょう。

これより少ないとスカスカした感じがするし、これより多いと、ビッシリ詰まった感じがして読みにくくなるからです。

4章 企画書を作ろう

企画書セットで出版社にアタック！

原稿を書き終えたら、いよいよ出版社に売り込む段階です。せっかく苦労して書き上げた原稿も、出版社への売り込み方を間違えると、なかなか採用されません。
ここでは、だれにでもできる実戦的な売り込み方を紹介します。

4-1

編集者の声を聞いてみよう

こんなに多い「困った君」

ここから先は、出版社に売り込む方法について整理していきますが、まずは、第一線で活躍する編集者の生の声を聞いてみましょう。

D出版社でビジネス書を編集しているY氏に、「こうした売り込み方をする人は勘弁してほしい」というパターンをあげてもらいました。

①アポなしで訪問する人

事前に会う約束もせずに、突然来社されるのは本当に困ります。「そんな人は例外だろう」と思われるかもしれませんが、とんでもありません。いきなり原稿を抱えて来社し、「これを読んでください」と売り込んでくる人はけっこう多いのです。原稿を売り込みたい気持ちはわかりますが、これでは常識知らずと思われ、かえって逆効果になります。

②自信満々な態度の人

事前に会う約束を取りつけて来社するものの、いざ会ってみると、態度が傲慢で困ることがあります。「このテーマは絶対に受ける」とか、「今、このテーマを取り上げなかったらチャンスを逃す」などと、わかったようなことを言うのは謹んだほうがいいでしょう。

こうした傾向は、今までまったく本を書いたことがない人より、過去に1、2冊本を出した人のほうが強いようです。

「自分は本を出したことがあるんだ」という自負はわかりますが、それを前面に押し出すと嫌われます。売り込む際には、やはり謙虚な姿勢が必要です。

③その出版社が扱うジャンルとは、まったく畑違いな企画や原稿を送ってくる人

当社は主にビジネス分野の本を扱っていますが、そこに料理とかサブカルチャー関連の企画や原稿を送ってくる人がいます。

出版社には、それぞれ扱うジャンルがあります。それを調べもせず、いきなり関係ないジャンルの原稿を送ってくるのは、あまりにも非常識です。

就職試験を受けるときに、会社研究をするのは当たり前のことです。出版社に売り込むのも同じで、事前に出版傾向は調べておくべきです。何も調べもせずに、畑違いの企画や原稿を売り込むのは、勉強不足以外の何ものでもありません。ビジネスマンとしての能力すら疑いたくなります。

仮に、おもしろそうな企画や原稿だったとしても、系統の違うものを、出版社はそう簡単に受け入れるわけにはいきません。畑違いのものは営業ノウハウもないし、新たに書店の棚を確保することも困難だからです。

④原稿だけを送ってくる人

自分が何者であるかすら明記もせず、いきなり原稿を送りつけてくる人がいます。実は、編集者はその人がどんな経歴の持ち主であるかを見て、原稿の内容を判断するものなのです。

ですから、プロフィールなしで原稿を送ると大きな損をすることになります。プロフィールは必ず書くようにしてください。もちろん、年齢も明記すべきです。

⑤読みにくい原稿を送ってくる人

Ａ４の用紙に、改行もせずにびっしりと文章を書いてくる人がいますが、これはいただけません。読みにくくて、どんなにいいことが書いてあっても読む気が失せてしまいます。原稿は、内容だけでなく、やはり体裁にも気を配っていただきたいと思います。

⑥漠然としたテーマの原稿を送る人

「老後の生き方」とか「売れる営業マンになる」といった具合に、タイトルが平凡で、しかもテーマが広すぎて漠然としているものは敬遠されます。

こうした原稿は、全部を読まなければ内容がわかりません。ところが、編集者は多忙なため、なかなかそこまではできないのです。

ですから、アピールしたいことや際立った特徴が、すぐにわかるように書く必要があります。

また、原稿をドサッと送りつけるのではなく、企画書にまとめたほうが、きちんと読んでもらえる可能性は高まります。

パラパラと見た段階で、「おもしろそう」と思わせたらしめたものです。おそらく1

週間以内に、出版社側から「原稿を見せてください」という連絡があるでしょう。連絡があるということは、もちろん大いに脈ありということです。

⑦せっかちな人

企画や原稿を送って、1週間ほどで「あの原稿はどうなりましたか。採用されそうですか」などと、電話で問い合せてくる人がいます。

編集者は、送られてきた企画や原稿には、いちおう目を通しますが、多くの場合、そんなに簡単に結論は出せないものです。少なくとも、1ヵ月くらいの時間はほしいところです。

そもそも、魅力的な企画や原稿なら、すぐに出版社側から声がかかるものです。何週間たっても連絡がない、あるいは何度か確認の電話を入れても、「現在、検討中ですので、もう少しお待ちください」と言われたときは、ほとんど見込みがないので、潔くあきらめましょう。

このように、編集者の意見はかなり厳しいものです。しかし、決して落ち込むことはありません。こうした点にさえ気をつければ、編集者はちゃんと対応してくれるのですから。

Y氏は、出版に挑戦される方のために、最後に次のように語っています。

「持ち込み原稿」の中にも、すばらしいものはあります。実際、それらが世に出て、ブレイクすることもあります。当社に持ち込まれた原稿で、売れた本もいくつかあります。

出版社は、「持ち込み」自体は受け付けています。ただ、持ち込む際には、きちんと段取りを踏んで、形式を整えていただきたいのです。そうした持ち込みに対しては、むしろお礼を言いたいくらいです。

「本を書きたい」、「書きたいテーマがある」という方の中には、ダイヤモンドの原石が隠れている――私はそう思っています。

埋もれた才能を発掘して、著者と編集者が共に協力して知恵をしぼり、汗を流して作った本が売れたときの喜びは、著者だけでなく、編集者にとっても大きな喜びなのです。私たちは、完成されたダイヤモンドよりも原石を探しています。手垢のついた著者よりも、むしろまっさらな著者を探しているのです。この本の読者の方々が、貴重な原石であるかもしれません。

4-2

出版社へのアプローチは企画書郵送でＯＫ

原稿を持参したり郵送する必要はない

「出版社にアプローチするには、直接原稿を持ち込め」とアドバイスする人がいます。直接、面談して売り込めば、印象に残るというわけです。

しかし、先の編集者の指摘にもあったように、アポなしで訪問などしたら嫌がられるだけです。

「ならば、事前に電話で会う約束を取りつけて原稿を持ち込めばいいだろう」と考える人もいます。いきなり訪問するよりはましですが、編集者が忙しいことに変わりはありません。

そもそも、面談してどんなパフォーマンスをしたところで、そのことで原稿が採用されることはありません。編集者が、「あの人は印象深かったから採用しよう」などと考えるわけがないからです。

また、面談時に熱弁をふるって強くアピールすると、かえって胡散臭く思われがちなものです。

原稿の中身だけがすべてです。どんなに相手に印象づけても原稿の中身が悪ければ、採用されることは絶対にありません。

「では、原稿を郵送すればいいだろう」と考える人もいます。たしかに郵送なら、面談の手間は省けます。ところが、分厚い原稿がいきなりドサッと送られてきたら、どう思うでしょうか。

「分厚い原稿に目を通すのはたいへんなので、後回しにしよう」と、しばらく放置されるかもしれません。最悪の場合、「この忙しいのに面倒が増えた」と思われても仕方がありません。

では、どうすればいいのでしょうか。先の編集者の指摘にもあったように、出版社へのアプローチは、企画書を郵送すればいいのです。分厚い原稿を持参したり郵送する必要はありません。要するに、原稿の中身をコンパクトにまとめ、それを郵送すればいいということです。

とは言うものの、いきなり企画書だけを送りつけるのでは芸がありません。また、礼儀も欠いてもいます。
そこで、次の6点を「**企画書セット**」として送ることをお勧めします。

①送り状
②企画書本体
③表紙
④目次
⑤サンプル原稿
⑥略歴と連絡先

これらについて、順を追って見ていくことにしましょう。

4-3 送り状は、こう書こう

送り状をつけるのは最低限の礼儀

企画書や原稿を無造作に送りつけてくる人がいますが、これでは礼儀知らずです。「最低限の礼儀もわきまえない人の書いたものなど、読む気がしない」と思われても文句は言えません。

とは言え、あまり神経質になる必要もありません。要は、「企画書を送らせていただきます」、「お手数をおかけします」という気持ちを伝えればいいのです。たとえば、次のような具合です（次ページ図表2参照）。

「なんだ、こんなに簡単でいいのか」と感じた方も多いはずです。「もっとアピールしなきゃ」と思う方もいることでしょう。

しかし、先述したように送り状というのは、「企画書を送らせていただきます」とい

図表2 送り状はシンプルに

○○出版社
編集部御中

拝啓
貴社ますますご隆盛のこととお慶び申し上げます。
このたび、貴社に企画書を送らせていただきます。「企画書」「表紙」「目次」「サンプル原稿」「略歴と連絡先」を同封させていただきます。
お忙しい中、お手数をおかけして誠に申しわけありませんが、ご審査のほど、なにとぞよろしくお願い申し上げます。

敬具
畑田洋行

う気持ちを伝えればいいのです。それ以上のことを盛り込む必要はありません。

なかには、「この企画を練ること苦節十年」とか、「30年間の波瀾万丈の経験を凝縮した」などと、苦労を強調する人がいますが、そうした余計なことは書く必要はありません。

また、「この企画が本になれば大ヒット間違いなし」とか、「ビジネス界に旋風を起こす」などと大口を叩いて企画を売り込む人もいますが、そのようなことを書くと、かえって胡散臭く思われるだけです。

ひどい人になると、「この企画に対するご意見、ご感想を原稿用紙2枚以内にまとめて送ってください」などと、無理やり編集者の意見を求める人もいますが、これだけは絶対にやめるべきです。

こちらから勝手に企画書を送りつけておいて、「意見を聞かせろ」はありません。そもそも企画書に目を通すも通さないも、出版社の自由なのです。この点だけは、決して忘れてはいけません。

また、返信用の封筒を同封する人もいますが、これもやめたほうが無難でしょう。一見すると丁寧な対応のようにも思えますが、返信用の封筒を入れるということは、「必ず返事を寄こせ」と言っているように受け止められるからです。

4-4

企画書本体で勝負！

企画書本体には、これだけ盛り込もう

企画書セットの中で、もっとも重要なのが企画書本体です。企画書本体には、企画の趣旨を書きます。企画のおおまかな内容はもちろん、特徴などを盛り込んでアピールします。

アピールするとは言っても、長々と書くことは禁物です。できるだけコンパクトにまとめる必要があります。目安としては1～2枚に収めたいところです。

また、つい「あれもこれも」と、たくさんの項目を入れてしまいがちですが、それでは訴求力が薄れてしまいます。やはり、焦点を絞って書くべきでしょう。

企画書本体に盛り込むのは、次の2つです。

①企画の趣旨

②企画の特徴

では、それぞれについて見ていきましょう。

①企画の趣旨

ここでは、次のようなことを取り上げます。

- **おおまかな内容**
- **伝えたい主張**
- **既存の本と差別化されている点**
- **とくに強調したいこと**
- **ターゲットとなる読者層**
- **自己ＰＲ**

これらの項目を見ただけでは、イメージがつかみにくいと思います。そこで、実際に私が出版社に送ったものを示しますので、それを参考にしてください（次ページ図表3参照）。

「おおまかな内容……」「伝えたい主張……」といった具合に、それぞれの項目を分けて書くこともできますが、次の例のように各項目をちりばめて書いたほうが自然な感じ

・冗談の技術（冗談を言う方法）
・話を引き締める技術
・聞き手を味方にする技術

これらは、机上の空論ではありません。すべて現場で叩き上げられた技術です。（とくに強調したいこと）

そして、実戦に役立つ技術に焦点を絞っているため、初心者にはうってつけの内容となっています。（ターゲットとなる読者層）

また本企画では、「脱線の技術」や「冗談の技術」といった、既存の本があまり取り組んでいないテーマも真正面から取り上げ、しかも具体的に記述します。（既存の本と差別化されている点）

さらに第１章で、自分が講師になった経験や失敗を載せ、読者との距離を縮めるようにしています。これにより、肩肘を張らずに読むことができると思います。（とくに強調したいこと）

本企画の原稿を読めば、人前で何かを説明しなくてはならないビジネスマンに勇気を与えられると思います。（ターゲットとなる読者層）

【企画の特徴】
・筆者がダメ講師であったことをさらけ出しているため、読者に親近感を持ってもらえます。
・章を追うごとにステップアップするよう構成されていますので、初心者は少しずつレベルを向上させることができます。
・細かな技術は極力省き、実戦に役立つ技術のみを取り上げていますので、ポイントがはっきりし、初心者でも安心して読み進むことができます。
・具体的な説明の仕方を多く載せています。しかも、実際の講座で話していることをそのまま取り上げていますので、リアリティーに富んだ内容になっています。

図表3 企画書にはこれだけ盛り込む

【企画の趣旨】

「臆病でとても人前で話などできない」とか「話が下手で、人前で何かをわかりやすく説明できない」と思っているビジネスマンは多いと思います。

本企画は、こうした人を対象に、聞き手に支持されるための説明の技術を取り上げています。(おおまかな内容、ターゲットとなる読者層)

そして、気が小さくて人前で話すことができないと思っている人こそ、成功する可能性が高いことを著しています。(伝えたい主張)

私事でたいへん恐縮ですが、私はもともとダメ講師でした。受講者から零点をつけられるほど、できの悪い講師でした。この点については、本企画の第1章に書かせていただきます。しかしその後、試行錯誤を繰り返して経験を積み上げていくうちに、自分なりに人前で説明する技術を習得することができたと思っています。(自己PR)

もともとは零点講師だった自分のような人間でさえ、聴衆の支持を得られるようになります。本企画ではそのための、いわば「叩き上げの技術」を示します。(おおまかな内容)

『人前で話すこと』に関する本は、すでに数多く出版されていますが、多くの場合、細かな技術を並列的に扱っているため、ポイントがはっきりせず、初心者にはどの技術を使ってよいのかわかりづらいというのが実態です。また、既存の本では著者の素顔が見えず、このことが読者との距離を広げています。

本企画は、「人前でわかりやすく説明するための技術」を扱いますが、できるだけ余計なものを省き、実戦に役立つものを中心に取り上げていきます。(既存の本と差別化されている点)

具体的には、次の5つに的を絞っています。
- 説明の技術(わかりやすい説明をするための7つの原則)
- 脱線の技術(話を脱線させる方法)

がします。

②企画の特徴

「企画の趣旨」で図表3のような内容を書けば、それだけで企画の特徴を示すことができますが、それとは別に特徴を箇条書きにまとめると、企画の内容をよりいっそう引き立たせることができます。

ここでも、実際に私が書いたものをご紹介します（前々ページ下参照）。

このように、企画書の本体に「企画の趣旨」と「企画の特徴」をコンパクトにまとめれば、編集者にアピールすることができます。

4-5 表紙をつけよう

タイトルだけでなく、キャッチコピーも考えよう

目次の前には表紙をつけたいものです。表紙と言っても、何か特別の紙を使って飾るということではありません。１枚の紙に企画のタイトルを大きく書いて、それを表紙として添付するのです。

要するに、体裁を整えるのが目的ではなく、あくまでもタイトルを目立たせるために表紙をつけるということです。

表紙にタイトルを大きく書くだけでも目立ちますが、できればキャッチコピーもつけたいものです。自分の企画にキャッチコピーをつけるのは、何となく照れくさいものです。しかし、そこは割り切って考えましょう。

単に「企画の内容を表わせばいい」と考えて、タイトルやキャッチコピーにあまり注

意を払わない人は多いものです。

たしかに、企画書本体で十分にアピールできれば、タイトルやキャッチコピーにはそれほど注意を払わなくてもいいかもしれません。しかし、企画書を、より魅力的に演出するためにも、それなりに注意深く考えたいものです。

しかし、やはりタイトルやキャッチコピーは、できるだけ編集者の関心を引くようなものをつけるべきです。

たとえば、「おやっ、どんなことが書いてあるのだろう?」と思わせるような表現を使ったり、自分自身をアピールするような文句をつけると効果的です。

このように言っても、なかなかイメージがつかみにくいと思いますので、私が実際に作った表紙をご紹介しましょう(次ページ図表4参照)。

ちなみに、「文章ハラスメント」というタイトルと「臆病な人はうまくいく。元零点講師が書いた」というキャッチコピーは、「おやっ、どんなことだろう?」と思わせています。

また、「『持ち込み原稿』を立て続けに出版した著者が明かす独自のノウハウ」と「机上の空論を排す。これが現場の叩き上げ」というキャッチコピーでは、執筆者である自分自身をアピールしています。

図表4｜タイトルとキャッチコピーの例

こんな記述じゃわからない！　こんな文章じゃ、読む気がしない！

文章ハラスメント

わからないのは、あなたのせいではありません

「持ち込み原稿」を立て続けに出版した
著者が明かす独自のノウハウ

出　版　塾

大切なのは、文章の上手下手ではありません。
あなたの中に埋もれているものを、今掘り起こそう

臆病な人はうまくいく。元零点講師が書いた

人前でわかりやすく説明する法

机上の空論を排す。これが現場の叩き上げ

4-6 目次でアピールしよう

目次は、企画の全体像を示す最良の手段

目次は意外に見落とされがちですが、必ず作成するようにしましょう。先に見た企画書本体で、企画のおおまかな内容は伝えることはできますが、全体像まではなかなか示すことはできません。

しかし目次を添付すれば、全体像を示すことはもちろん、企画の細部まで伝えることができます。

とは言うものの、目次で全体像を伝えるには、しっかりと構成を組まなくてはなりません。単に項目を並べただけでは、散漫な感じがしてなかなか全体像が伝わらないからです。

構成を組むと言っても、なにも複雑に考える必要はありません。要は、話の流れをス

ムーズにすればいいのです。

たとえば、拙著『「わかりやすい！」と言われたいなら、こう喋ろう』では、読者が徐々にステップアップできるように、次のような順序で書きました。

・わかりやすい説明をする技術（第1章）
・脱線話をする技術（第2章）
・冗談を言う技術（第3章）
・話を引き締める技術（第4章）
・聞き手を味方にする技術（第5章）

この構成は、聞き手の支持を得るために必要な技術を、重要なものから順に並べています。

ちなみに本書も、ステップアップするような形でまとめてあります。本書の構成を示すと、次のようになります。

・出版することのメリットを確認する（1章）

・何を書くかを明確にする（2章）
・原稿を書く際に注意すべき点を指摘する（3章）
・企画書作成のポイントを示す（4章）
・出版後の本の活かし方を紹介する（5章）

このように、一歩ずつ進むような形でまとめれば全体像がはっきりし、流れもスムーズになります。

とは言っても、いきなりしっかりした構成を築くことはむずかしいものです。書くべき項目が抜け落ちたり、必要事項が、本来あるべき箇所とは別の所に入り込んだりしがちです。

そこで、最初は書きたい項目を列挙することをお勧めします。塾生にも、「まずは、書きたい項目をできるだけたくさん列挙してください」とお願いしています。

この段階では、「第1章……」「第2章……」という具合に、形を整える必要はありません。書いてみたいことを、「あれもこれも」という感じで、どんどんとあげていけばいいだけです。

項目が出そろったら、次は列挙した項目を何度も見直します。そして、内容が共通したものを、ひとつのグループにまとめていきます。

その結果、いくつかのグループができあがりますが、次は各グループを見て、話がスムーズに流れるような順序で配置していきます。そして順番が決まったら、それを「章立て」とすればいいのです。

順番の決め方には、これといった特定の方法はありませんが、一般的には時系列的に並べたり、ステップアップするように並べていくとすっきりします。

あるいは、最初に全体を示しておいて、その後で各論を展開するとか、最初に導入部分を書き、次いで本論を展開し、最後に応用編を書くといった流れでもいいでしょう。

たとえば前述したように、本書はステップアップするような構成を組んでいますが、別の見方をすると時系列に沿っていますし、「導入―本論―応用」という構成にもなっています。

本書のおおまかな構成は、「テーマを決める→原稿を書く→企画書セットを作成して出版社に送る→出版後に本を活かす」という具合に、作業を進める順番に展開していますが、これは言わば、時系列に沿って書いていると言えます。

また本書は、1章で出版に関する予備知識（導入）を述べ、続く2～4章でテーマの決め方や原稿を書く際の留意点、企画書の書き方といった本論を展開し、最終章で本の活かし方（応用）を示していますが、これは「導入―本論―応用」の流れに沿ったものと言えます。

繰り返しますが、まずは書きたい項目を列挙し、次に内容が共通したものをグループにまとめ、最後に話がスムーズに流れるように各グループを配列していけばいいのです。

さて、全体の構成が固まったら、次は、各章や各項目のタイトルを考える番です。「目次のタイトルは内容がわかるようなものでよい」と考える人は多いものです。

私のところでは、出版企画を募集していますが、企画書に添付された目次を見ると、必ずと言っていいほど平凡です。単に内容を示しただけ、という感じのものがほとんどです。しかしそれでは、「読んでみよう」という気は起こりません。

次にあげるのは、「わかりやすく書く技術」についての企画の目次です。

第1章　わかりやすく書くための技術

1. 簡単な言葉を使う
2. 絵や図表を使う
3. 具体例をあげる
4. 必要な事項を入れる

5. 専門用語には説明を補足する

この目次は、たしかに原稿の内容を示していますが、何とも平凡で、「読もう」という気が起きません。編集者に、「何だ、この程度のありきたりな内容か」と思われてしまいます。項目を見ただけで、だいたいどんなことが書かれているかがわかってしまうからです。

編集者の注意を引きつけるためには、もっと興味深いタイトルをつけるべきです。「おやっ、どんなことが書いてあるんだろう?」と注意を引きつけるのです。

とは言うものの、興味を引くタイトルをつけることはプロでもむずかしく、一般の人にはなかなか思い浮かばないものです。また、あまりにも奇をてらったタイトルをつけると、かえって胡散臭く思われます。

そこで、説明を補足するサブタイトルをつけることをお勧めします。先の目次を、サブタイトルをつけて次のように変えるだけで、読み手の興味は増すはずです。

第1章 読み手のハートをキャッチしよう

わかりやすく書くための12の技術

1. もっと簡単な表現に置き換えてみよう
こんな言葉、わからなくて当然です

2. 絵や図表を使ってみよう
この記述ではイメージがつかめません

3. 具体例を入れると効果抜群
「手抜きの姿勢」で書いても、読み手の支持は得られません

4. 必要な情報はきっちり書こう
これではカユイところに手が届きません

5. 専門用語には要注意。説明を補足しよう
主役はあくまでも読み手です。書き手ではありません

タイトルそのものは平凡でも、このようにサブタイトルをつけることによって、比較的簡単に読者の興味を引くことができるはずです。

4-7 サンプル原稿を添付しよう

この部分をサンプルとして添付しよう

企画書本体と目次があれば、企画のおおまかな内容と全体の構成はわかります。しかし、どのような感じの記述かは伝わりません。

そこで、サンプル原稿を添付して、「こんな感じの原稿」という感触をつかんでもらいましょう。あくまでもサンプルですから、大量に送る必要はありません。たくさん送ると、目を通すのがたいへんになるため、かえって逆効果になります。目安としては、次の分量を参考にすればいいでしょう。

400字詰め原稿用紙……10~15枚
B5サイズの原稿（1枚1200字）……3~5枚

A4サイズの原稿（1枚1600字）……2〜4枚

次に、原稿のどの部分を送るかですが、一般的には「出だし」の部分を送ります。もし、出だしの部分に自信が持てない場合は、もっともアピールできる部分を送ればいいでしょう。

出だしにせよアピールできる部分にせよ、できるだけストレートに書く必要があります。3章で取り上げた「嫌われる原稿」のパターンに陥らないよう注意すべきです。とくに、「能書き」が長くならないように注意してください。サンプル原稿の分量は決して多くはありません。そこへ能書きを書いてしまったのでは、アピールするどころか、「何だ、ただの一般論か」と思われてしまい、サンプルを送る意味がなくなってしまうからです。

このように言っても、なかなかイメージがつかみにくいと思います。そこで、少し長くなりますが、私が実際に、サンプル原稿として出版社に送ったものの一部を示しますので、参考にしてください。

第1章　読み手のハートをキャッチしよう

1. もっと簡単な表現に置き換えてみよう

こんな言葉、わからなくて当然です

読み手の理解を得るための第一歩。それはわかりやすく書くことです。むずかしいと思える言葉は、簡単な表現に置き換えてあげると親切です。

次の文章をご覧ください。

企業は事業の再構築をしなくてはならない。また同時に、業務プロセスの再設計も行なわなくてはならない。

……………

「何だか、抽象的でわかりづらいなあ」と感じた方も多いと思います。でも、それはあなたのせいではありません。書いた人が悪いのです。

この文章を書いた人は、「事業の再構築って何?」「業務プロセスの再設計って何?」という読み手の気持ちを無視しています。そのため、こうした記述が続くと、読み手は嫌気がさして離れていってしまいます。

このようなときは、書き手は手を抜かず、簡単な表現に置き換えるべきです。読み手に何かを伝えたいと思うなら、手を抜いてはいけません。

たとえば、次のように書けば、読み手は理解しやすいはずです。

……………

企業は得意分野に経営資源を集中して投入しなくてはならない。また同時に、業務プロセスをゼロから見直し、ムダがないかを入念にチェックしなくてはならない。

……………

むずかしい言葉を使うのは簡単なことです。これに対して、むずかしい言葉を簡単な表現に置き換えるのはたいへんです。しかし、この労力を惜しんでは、読み手の支持を得ることはできません。

では、次の文章はどうでしょうか。

……

産業構造転換の進展が、構造的失業を増大させている。

……

これもまた、わかりにくい文章です。それは、「産業構造転換」とか「構造的失業」といったむずかしい言葉が無造作に使われているためです。こんな文章が長々と続いたら、読む気がなくなるのは当然です。
本当に読み手の理解を得たいと思うのであれば、どこまでも相手の立場に立って書かなくてはなりません。「産業構造転換って何？」「構造的失業って何？」という読み手の気持ちをくんで、次のように書くべきです。

……………

今、情報化社会へのシフトが起きている。こうした産業構造の転換が進む中、IT技能を身につけていない者が職を失い、失業が増大している。

……………

このように書けば、「産業構造転換」が「情報化社会へのシフト」を指し、「構造的失業」が「ITに適応できない人たちの失業」であることがわかります。
むずかしい言葉を簡単な表現に置き換えるのが困難な場合は、説明を補足してあげるとよいでしょう。次の文章をご覧ください。

……………

バブルとは、土地や株式などの資産価格がファンダメンタルズを大幅に上回って上昇する状態を言う。

文中に、「ファンダメンタルズ」というむずかしい言葉が含まれています。そのため、読み手にはなかなか理解できません。

このようなときは、次のように説明を補足するとわかりやすくなります。

バブルとは、土地や株式などの資産価格がファンダメンタルズを大幅に上回って上昇する状態を言う。ファンダメンタルズとは経済の基礎的条件のことで、具体的には、経済成長率や物価上昇率などの指標を指す。

バブル期の経済成長率は5％程度であったし、物価もそれほど上昇していない。それにもかかわらず、地価と株価は3倍に跳ね上がったのである。このように、ファンダメンタルズでは説明できないほどに、地価や株価が上昇する状態をバブルと言う。

「何だか説明が長いなあ」と感じたかもしれません。しかし、抽象的でわかりづらい文章を、頭を抱えながら読むよりは、多少長くてもスラスラ読めたほうが楽なはずです。またそのほうが、結局は読み手の時間を節約することにもなるのです。

4-8 略歴と連絡先を忘れずに

略歴と連絡先では、ここに注意！

企画書セットの最後は「略歴と連絡先」です。まず「略歴」ですが、自分をアピールしたいがために、自分の実績をあれもこれもと、たくさん書く人がいます。その気持ちはわかりますが、やはりコンパクトにまとめる必要があります。

なかには、「昭和○年、○○小学校卒業」「昭和○年　○○中学校入学……」といった具合に、およそ企画の内容と関係のないことまで細々と書く人がいますが、履歴書ではないので、そこまで書く必要はありません。

略歴では、その企画に関係する部分を強調したいものです。たとえば、A、Bという2つの業種で職務経験を持つ人が、Aの業種に関連する企画を立てた場合、Aの業種での実績を強調すればいいのです。企画と直接関係しないBの業種での実績については、

図表5　企画内容で略歴を変える（1）

◎略歴
畑田洋行（はただひろゆき）
1958年生まれ。人材派遣会社など数社を経て、資格スクールに入社。中小企業診断士受験講座の中心講師を務める。既存の講座にとらわれず、独自の切り口で経済・経営の基本を解説するとともに、受験業界初の「時事講座」を新設。わかりやすい講義で受講生の支持を得る。中小企業診断士。

簡単に触れる程度で十分です。

拙著『「わかりやすい！」と言われたいなら、こう喋ろう』は、人前で話す技術を著した本です。この企画を出版社に送る際、私が添付した略歴は上のようなものでした（図表5参照）。

ここでは、「人前で話すこと」に関係した資格スクールでの実績を中心にまとめています。企画の内容とは直接関係しない人材派遣会社でのことを書いても、あまり意味がありません。

一方、拙著『ビジネスマンのためのわかりやすい文章の書き方』は、読み手に支持されるための技術を取り上げた本です。この企画を出版社に提出する際には、次ページのような略歴を添付しました（次ページ図表6参照）。

ここでは資格スクールでの実績には触れず、「文章の書き方」に関係した出版塾のことを中心にまとめています。

なお、すでに出版実績があれば、著作物も記載してくだ

図表6　企画内容で略歴を変える(2)

◎略歴

畑田洋行（はただひろゆき）

1958年生まれ。資格スクールなど数社を経て独立。ビジネス分野の原稿を出版社に持ち込み、立て続けに出版をはたす。その経験を活かし、現在はビジネスマンの出版を本格的にサポートする、日本で唯一の「出版塾」を主宰。マンツーマンできめ細かな指導を行ない、塾生からの支持を得る。中小企業診断士。

さい（私の場合は、先にあげた略歴文に続いて著作物を記載）。

このように、企画の内容に関係した部分を略歴に記載すれば、訴求力も説得力も増します。

次に「連絡先」ですが、ここには次の要素を盛り込みます。

①名前
②住所
③電話番号（携帯電話があればその番号も）
④ファックス番号
⑤メールアドレス

この中で、とくに忘れてはならないのが「電話番号」と「メールアドレス」です。出版社からの連絡は、多くの場合、電話で入ります。また最近では、メールで来ることも多いので、メールアドレスもお忘れなく。

4-9 出版社の選び方

特別な方法はない。しかし、一度は書店に足を運ぼう

企画書セットが完成したら、次はいよいよ出版社を選ぶ段階です。企画書は、どの出版社に送ればいいのでしょうか。

実は、出版社を選定するための、これといった方法はありません。とは言え、ただやみくもにあちこちの出版社に送ればいいというものでもありません。そこで、主な選定法をあげてみることにしましょう。

①書店を回って調べる

地味なやり方ではありますが、まずは自分の足で書店を回って調べるという方法があります。書店を回って、自分の企画と同じような内容の本を出している出版社を探すの

です。自分の目で確認すれば、その出版社の本が、どの程度陳列されているのかもわかります。

②図書目録で調べる

よく、本の中に図書目録がはさみ込まれています。それを見ると、その出版社がどのような本を出しているかがわかります。図書目録は、出版社に問い合わせれば、たいがいわけてもらえますので、ぜひ参考にしたいものです。

③新聞広告を見る

新聞には、書籍の広告が大きく掲載されます。広告では、新刊書の案内や売れ行きのよい本が紹介されていますが、それらを見ると、その出版社がどのような分野の本に力を入れているかが、ある程度わかります。

④ホームページを見る

今では、ほとんどの出版社がホームページを開設しています。ホームページを見れば、その出版社が過去にどのような本を出したかがわかるし、現在力を入れている分野もわかります。

⑤インターネットで検索する

アマゾン・ドットコムの検索を使えば、その分野の本を出している出版社を探すことができます。たとえば、「話し方」というキーワードで検索すれば、「話し方」に関する本が閲覧でき、出版元もわかります。このように、自分のテーマに関連するキーワードで検索するという方法もあります。

4-10
封筒は、こう書こう
ここが盲点。封筒に必ず書くべきこと

出版社を何社か選定したら、次はそれを郵送する段階です。ここで多くの方が、「どの部署に送ればいいのだろう」と悩みます。人によっては、「担当部署を調べて、そこに送れ」と言います。なかには、「担当部署の担当者を調べて、担当者あてに送れ」と言う人もいます。

たしかに、担当部署や担当者を調べて送ることも可能です。たとえば、その出版社に電話をして、「御社の○○の本を読ませていただきました。とてもわかりやすく、ためになりました」などと言っておき、その後で、「実は、これと類似の企画を立てたので、企画書をご覧いただけないでしょうか」と言えば、出版社側も「いえ、けっこうです」とはなかなか言えません。そこで担当者の名前を聞いて、その人あてに送ることも十分

に可能です。

しかし、そのような手間をかけなくても、「編集部」あてに送れば、それで十分です。このように言うと、「出版社によって、部署名が微妙に違うじゃないか」と思う方もあるでしょう。

事実、編集部と言っても、出版社によっては、「編集企画室」とか「企画出版部」といった具合に名称が異なっています。

また大手の場合は、「第一編集部」「第二編集部」といったように、複数の部署に分かれていることもあります。

しかし、「編集部御中」としたためて送れば、しかるべき人の手に渡りますので心配はいりません。

さて、このように編集部あてに送ればいいわけですが、企画書セットを封筒に入れる際には、折らずに入れることをお勧めします。定型の封筒に企画書セットを何重にも折って入れる人がいますが、開封したときに見栄えが悪くなるので、できるだけ折らずに封入したほうがよいでしょう。また、そのほうが開封後、編集者も読みやすいはずです。

ちなみに、「角2」か「角3」の封筒なら、B5やA4サイズの企画書セットをスッポリと入れることができます。

次に、封筒への宛名書きですが、パソコンやワープロを使わずに手書きにすることをお勧めします。パソコンやワープロで書くと、業者のＤＭのような感じがして、隅に置かれたままにならないともかぎりません。これに対して、手書きの封筒は目立つので、目に止まりやすくなります。

ただし、宛名は丁寧に楷書で書くようにしてください。乱暴な字で書きなぐったり、読みにくく汚い字で書くと、それだけで印象が悪くなります。やはり、「企画書をご覧になってください」といった気持ちで、じっくりと丁寧に書くべきです。

経営者や個人事業主の中には、「自社の業務用の封筒を使っていいですか」と言う人がいます。会社の封筒を使えば、自分の住所を書く手間が省けます。しかし、会社の封筒を使うと、いかにも業者のＤＭといった感じがするし、見方によっては、「手を抜いている」ようにも見えます。

ですから、手間はかかるものの、やはり一般の封筒を使うことをお勧めします。なお、封筒は次のように書いてください（次ページ図表7参照）。

ポイントは、封筒の左下に「企画書在中」と書くことです。出版社には毎日、ＤＭなどたくさんの郵便物が届きます。そのため、封筒に「企画書在中」と書いておかないと、後回しにされる可能性があるからです。

もちろん、「企画書在中」と書いても、すぐに目を通してもらえるとはかぎりません。しかし、優先的に目を通してくれる出版社もあるので、必ず記入するようにしてください。

図表7 | 宛名はこう書こう

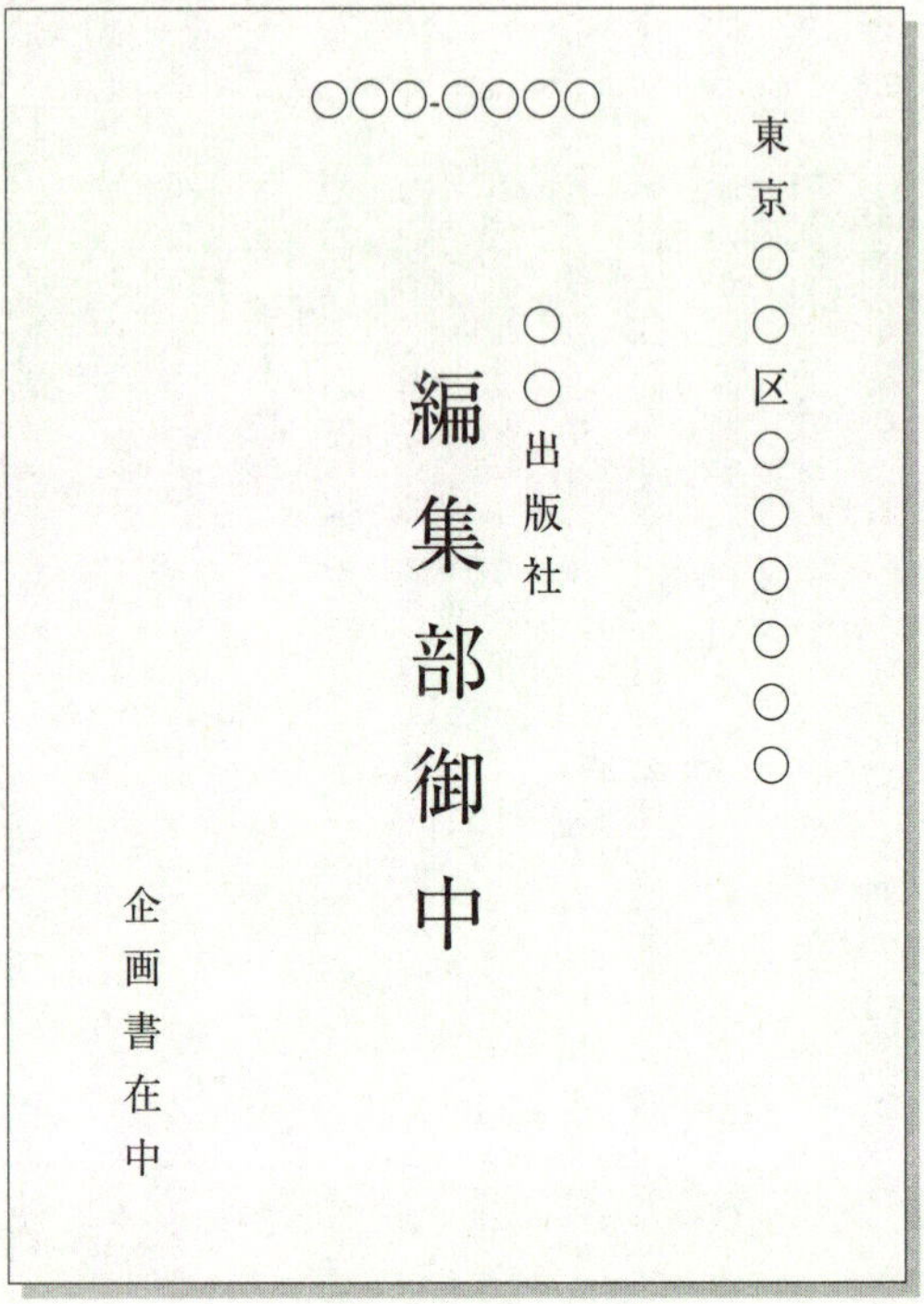

4-11

結果はひたすら待つ

出版社に問い合せることはやめよう

企画書セットを郵送したら、後はひたすら待つことです。はやる気持ちを押さえ切れず、つい出版社に問い合わせたくなりますが、そこはグッとこらえましょう。問い合わせの電話を入れても、煙たがられるだけです。

そもそも問い合わせたからといって、採用されるわけではありません。

企画書セットを郵送後、少なくとも2ヵ月は待ちましょう。早ければ、数日後に出版社から連絡が入ります。1週間後になることもあれば、1ヵ月ほどしてから連絡が来ることもあります。

しかし、2ヵ月待っても何の連絡もなければ、潔くあきらめましょう。

ちなみに不採用の場合、出版社から断りのハガキが届くこともありますが、通常は何の連絡もありません。「ずいぶん冷たいなあ」と思う気持ちもわかりますが、出版社から「企画書を送ってください」と頼まれたわけではないので、そこは割り切って考えることです。決して出版社を恨むべきではいけません。

送った企画書に見込みがある場合は、出版社から電話やメールで連絡が入ります。その場合はたいてい、「原稿は出来上がっていますか」と聞かれます。すでに原稿があれば、そのコピーをすかさず送ります。原稿を郵送後、1ヵ月から1ヵ月半ほどで採否がわかります。

さて、ここで素朴な疑問を感じる方もあると思います。「出版社へのアプローチは、企画書セットを郵送すればいいのだから、あらかじめ原稿を書いておかなくてもいいのではないか?」という疑問です。

要するに、企画書セットを郵送して、企画が採用された時点で原稿を書きはじめればよいのでは? ということです。

たしかに、そのような手も考えられます。分厚い原稿を、最後まで書き上げることはたいへんな重労働です。しかも、苦労して原稿を書いても、採用される確率はきわめて低いからです。

だったら、先に比較的簡単に作成できる企画書セットを郵送しておいて、採用されてから原稿を書いたほうが、ムダな労力が省けます。

しかし、私はあえて、原稿を書き上げてから企画書セットを送ることをお勧めします。

その理由は、スピードの点で格段に勝るからです。

出版社から、「原稿は出来上がっていますか」と聞かれて、「いや、まだ書いていません」と答えるよりも、「はい、出来上がっています」と言って、間髪を入れずに原稿のコピーを送ったほうが、出版社の熱が冷めないうちに検討してもらえるからです。

企画の採用後に原稿を書きはじめたものの、でき上がった原稿がイメージと違っていたり、出版社の熱が冷めたりして、採用が取り消された例を私は何度も見ています。そのため出版塾では、原則的に原稿を書き上げてから、企画書セットを作るようにしています。

とは言うものの、「どうしても先に企画書を作りたい」という方もいます。そのような場合には、先に企画書の作成をお手伝いさせていただき、採用された後で原稿執筆のサポートをさせていただいています。

また、企画はあるものの、文章が苦手で原稿が書けない方や、忙しくて書けない方もいます。

その場合には、やはり先に企画書を作成し、採用後に私がゴーストライト（代筆）させていただくこともあります。

話を戻しますが、出版社から採用の連絡が入る際、「他の出版社からも声がかかっていますか？」と聞かれることがあります。そのようなときは、正直に答えたほうがいいでしょう。

他社から声がかかっていなければ、そう答えればいいし、もし複数の出版社から声がかかっていれば、その旨を伝えましょう。

ただし、複数の出版社から声がかかっている場合、どの出版社に決めるかについては注意が必要です。出版社の規模を比較したり、最近の業績を比較するなどして、出版社を決める人もいるようですが、私はそうしたやり方はお勧めしません。

頼まれもしない企画を送って、声をかけていただいたのです。それだけでも、十分にありがたいことです。規模や業績を比較するなどということは、たいへん失礼なことだと思います。

とは言っても、最終的には1社に決めなくてはなりません。私の場合は、一番早く採用を決めてくれた出版社にお世話になるようにしています。また塾生に対しても、そのように言っています。

なお採用後、出版社から原稿の加筆・修正を求められることがあります。むしろ、加筆・修正を求められないことのほうが珍しいと言えるでしょう。

場合によっては、原稿の一部を削除するように求められる場合もあります。いずれにしても、書き上げた原稿がそのまま本になることは少ないものです。

そのような出版社からの要求に対して、いちいち反発する人がいますが、これはいただけません。執筆者の主張を根本的に否定するような要求は飲むべきではありませんが、それ以外の要求はできるだけ素直に受け入れるべきです。

もし納得がいかない点があれば、編集者とよく話し合いましょう。よい本を出版するには、執筆者と編集者の協力関係が不可欠だからです。「オレの原稿には一切手は加えさせない」という意固地な態度で臨んでいたのでは、決してよい本はできないでしょう。

4-12

タイトルやデザインは出版社が決める

出版社はその道のプロ。安心してまかせよう

さて採用後、加筆や修正等を終えたら、次は正式なタイトルを考える段階です。タイトルは、原則的には出版社が決めます。読者に、よりアピールするようなタイトルを考えてくれます。執筆者が最初につけたタイトルが、そのまま採用されることもありますが、それはむしろ例外的なことと言っていいでしょう。

苦労して書き上げた原稿です。自分がつけたタイトルにこだわりを持つ執筆者も多いはずです。しかし、できるかぎり出版社の意向に合わせたほうがいいでしょう。

出版社はその道のプロです。内容とマッチし、しかも類書との違いを強調したり、読者によりアピールするようなタイトルをつけてくれるはずですから、安心してまかせましょう。

どうしても納得がいかない場合は、その旨を伝えれば、きちんと検討してくれます。出版社によっては、タイトルを考える際、執筆者の意向をくんでくれる場合もあるので、そのときに自分の考えを伝えてもいいでしょう。

ちなみに、先にあげた著書に、私が最初につけたタイトルは、次のように変更されました。

「文章ハラスメント」→「ビジネスマンのためのわかりやすい文章の書き方」

「出版塾」→「あなたにもできる『売れる本』の書き方」

「人前でわかりやすく説明する法」→「『わかりやすい！』と言われたいなら、こう喋ろう」

次にカバーのデザインですが、これも出版社が決めます。書店に並んだとき、読者の目を引くようなデザインを考えてくれます。

デザインが得意な執筆者の場合、あれこれと口をはさみたくなりますが、やはりその道のプロである出版社にまかせましょう。

どうしてもイメージに合わないと感じたら、その旨を出版社に伝えましょう。きっと意見を聞いてくれるはずです。

また出版社によっては、「監修者」を立てることを求めてくる場合もあります。とくに経済や経営など、読者層が広いテーマの場合、出版社は有名人を監修者に立てたい旨を著者に打診することがあります。

無名の著者名で発刊するよりも、有名人を監修者に立てたほうが、売れ行きが伸びるからです。

ただ、ご注意いただきたいことは、監修者を立てた場合、著者名はカバーには掲載されません。巻末の「著者略歴」にさえ記載されないこともあります。仮に記載されたとしても、監修者の略歴にスペースが割かれ、著者の略歴は小さく載るにすぎません。

ですから、「どうしても自分の名前で出したい」と考える方は、監修者を立てることに反対するべきです。

一方、「自分の名前にはこだわらない。監修者を立てることで売れ行きが伸びるなら、むしろ監修者を立てたい」と考える人もいます。

要するに、自分の名前で出版するよりも、少しでも多く印税をもらったほうがいいということです。こうした考えの方は、どんどん監修者を立てればいいでしょう。

話は少しそれますが、監修者を立てる著者を見下す人がいます。「印税目当てで本を出すなど、けしからん」というわけです。

しかし、私は決してそうは思いません。そもそもビジネス書の執筆に挑戦するということは、「自分が得た知識や技術を、他の人に役立ててもらおう」と思うからです。「どうせ役立ててもらうなら、ひとりでも多くの方に利用してもらいたい」と考えるのは自然な気持ちです。そのための手段として監修者を立てることは、決して見下されるようなことではありません。印税が多く入るというのは、あくまでも副産物にすぎないのです。

さて、最後に契約書についてですが、本来は採用が決まった後で、出版社と契約書を交わすことになります。

ところが実際には、契約書をすぐに交わすケースは少ないようです。本が出版されて数ヵ月後に交わすこともあれば、単に口約束だけで契約書をまったく交わさない場合もあります。

このように言うと、「出版社はいい加減だなあ」と思う方もいるでしょう。しかし、口頭で約束したことはきちんと守ってくれますので大丈夫です。

著者が一番気になるのは、印税率、印税の支払時期、初版の発行部数の3点ですが、これらの口頭で決めたことは、きちんと実行してくれます。どうしても不安を感じるようなら、「契約書を交わしてほしい」と率直に言いましょう。そのことで、イヤな顔をされることはありませんので、ご安心ください。

5章

著書をどう活かすか

積極的に売り込もう！

めでたく出版をはたしたら、少しでも多くの人に読んでもらいたいものです。

そこで、自分の本を宣伝してみましょう。宣伝すると言っても、何も大げさに考える必要はありません。身近なことを実践すればいいのです。

ここでは、簡単にできる宣伝方法をご紹介します。

5-1 重要な取引先や知人に謹呈しよう

意外な効果があることも……

「本が出版されたら、それだけで満足」と思う方も多いでしょう。私にも、その気持ちはよくわかります。苦労して書いた原稿が全国の書店に並んでいるのを見ると、「われながらよくがんばった」と満足し、それ以上のことはなかなか考えられないものです。

しかし、せっかく苦労して書き上げた本です。せめて、できる範囲内で宣伝してみましょう。宣伝と言っても、何も大げさに考える必要はありません。身近なことを心がければいいのです。

まずは、重要な取引先や知人に本を謹呈しましょう。出版社によっては10～20冊程度を、著者に代わって謹呈してくれることもあります。

しかしできるなら、著者自身が一筆添えて謹呈することをお勧めします。そのほうが、

「本を出しました。どうぞお読みください」という気持ちが伝わるからです。また受け取る側も、著者自身から送られたほうがうれしいものです。

私は、学生時代にお世話になった先輩に拙著を謹呈したことがあります。卒業以来、20数年も会っていなかったのですが、感謝の気持ちをこめて拙著を送ったところ、心暖まる電話をちょうだいし、すっかり恐縮しました。それだけではありません。後日、その先輩から、出版に関する相談まで受けたのです。

お世話になっているO出版社のF社長に謹呈したときは、O出版社の公報誌に拙著を写真入りで紹介してくださいました。

全国のライターが登録する東京ライターズバンクの児玉先生に謹呈したところ、それがきっかけでセミナーを開かせていただきました。その結果、多くのライターと知り合うことができました。

また、『週末の達人』で有名な小石先生に謹呈したときもセミナーを開いていただき、その席上で拙著を販売していただきました。

さらに、友人の経営コンサルタントのK氏に謹呈したところ、やはりセミナーを開いていただき、その席上で拙著を販売してくれました。

このように、重要な取引先や知人に謹呈することで、思わぬ効果が得られるものです。

ただし、「売り込む」とか「自慢する」という気持ちではなく、あくまでも、「もし、よろしければ、お手に取ってご覧ください」という謙虚な気持ちで謹呈することが大切です。したがって、謹呈して何の返事もなかったからと言って、決して相手を非難してはいけません。

謹呈するのが困難な場合は、手紙やメールで上梓したことを伝えてもいいでしょう。

年賀状で本を上梓したことを伝えることもできますが、その場合には注意が必要です。冒頭から、「昨年は○○を上梓しました」などと自著のことを書く人がいますが、これはいただけません。

なかには、自著のセールスポイントや自慢話を長々と書いた後で、最後にやっと、「本年が、ご家族の皆様にとってよい年でありますように」と書く人もいますが、これは考えものです。良識を疑われても仕方がありません。

年賀状で、いきなり自著のことを取り上げたり、自慢話を長々と書いたのでは相手に対して失礼です。年賀状に書く場合は、やはり新年のあいさつに重点を置いて、自著のことはサラリと触れる程度に止めるべきです。

メールで上梓したことを知らせる場合も、自著の自慢は極力避け、感謝の気持ちを込めて「もし、よろしければお読みください」と伝えたほうがよいでしょう。

5-2

読者からの声には丁寧に対応しよう

感謝の気持ちが新たな読者を生むこともある

本を出すと、読者から感想が寄せられることがあります。ハガキだったりメールだったりと形はさまざまですが、「読んでためになった」とか「勇気づけられた」などという暖かい言葉をいただいたときは心の底からうれしくなります。「本を出してよかった」と思える瞬間です。

数ある本の中から、自分の本を選んで買っていただいただけでもありがたいことです。ましてや、わざわざ本の感想まで寄せていただくことは、このうえなくありがたいものです。

ところが、せっかく感想を寄せていただいても、何の返事もしない人がいます。返事を出せないほどたくさんの感想が寄せられるのであれば、それも仕方がありませんが、たいていは、それほど多くはないはずです。

ですから、寄せられた感想にはできるかぎり返事を出すべきです。そして、そのことが新たな読者を生むこともあります。

1章でも触れましたが、専門学校の先生から拙著の感想をいただいたとき、私は素早く手紙を書きました。これがきっかけで、その専門学校の他の先生方にも読んでいただくことができました。

中小企業の経営者や個人事業主の場合は、寄せられた感想に丁寧に対応することで、商機を得ることもあるでしょう。

拙著の読者から、「出版したい企画」や「原稿の書き方」について、お問い合わせをいただくこともあります。

私はできるだけ早く、しかも丁寧に対応させていただくようにしていますが、このことが当塾への入塾につながるケースもあります。

その他にも、読者から「ぜひ、お会いしたい」という電話をいただき、実際にお会いしたことがきっかけで注文を得たこともあります。

実は本書も、読者からの声がきっかけで発刊されました。拙著をお読みになった同文舘出版の編集者から電話をいただいてお会いしたことがきっかけで、本書を書かせていただくことができたのです。

また、その編集者にお会いした際、『中小企業診断士になって年収1500万円稼ぐ法』（岡部穂積著　同文舘出版）を紹介していただきました。私も中小企業診断士の資格を持っていたので、さっそく読ませていただいたところ、内容がすばらしかったので、著者の岡部先生にお礼のメールを出しました。

すると、岡部先生から素早く、しかも丁寧な返信をいただくことができました。岡部先生も私も、それぞれメールマガジンを出しているのですが、この件がきっかけとなってメールマガジンの相互紹介をさせていただき、読者数を増やすことができました。

いずれにしても、自著を読んでいただき、そのうえ感想まで寄せていただいたなら、やはり感謝の気持ちを込めて返事を出すべきです。こうした態度が、やがて新たな読者を生み、商機を得ることにもつながるのです。

5-3

ホームページに載せよう

宣伝効果を高めるには

中小企業や個人事業者など、今やどこでもホームページを開設しています。会社であれ個人であれ、ホームページで著書を紹介すれば宣伝になります。

私は、ホームページのプロフィール欄に著書名と写真を掲載していますが、これではたいした宣伝効果は望めません。

私の場合は、本を宣伝するのではなく、あくまでも自分自身を紹介する一環として本を掲載しているにすぎません。単に「出版塾の塾長」と書いただけでは、「どこのだれなんだ」と思われてしまうからです。

そこで、自分自身を紹介する中で、顔写真とともに本も掲載しているのです。しかし、一般的にはもっと積極的に宣伝してもいいでしょう。

とは言うものの、明け透けに宣伝したのでは、なかなか好意をもって読んでもらうことはできません。いきなり、「○○出版社から○月○日に発刊。B６版、１４００円」といったことを書くと、「売らんかな」の姿勢が見え見えで、かえって逆効果になってしまいます。

ホームページで自著を紹介する場合は、あくまでも読み手の立場に立つことが大切です。具体的には、自著がどのような人のどんな役に立つのかを明確にすることです。

たとえば、本書をホームページで宣伝する場合なら、「ビジネス書を出版したい方のために、テーマの選定法や出版社への売り込み方を示しました」といった具合に紹介します。

いきなり、「ついに出版をはたしました。それは『「ビジネス書」を書いて出版する法』（△△出版）です。目からウロコが落ちる画期的な本です！ ぜひお読みください。定価は１４００円です。書店のビジネス書のコーナーに行けば、きっと平積みされていることでしょう。近い将来、ベストセラーとなるかもしれません。乞うご期待！」などと書いても、読み手が知りたい情報が盛り込まれていないため、「読んでみようかな」という気が起きません。それどころか、「何を言ってるんだ、うぬぼれやがって！」と思われてしまうのがオチです本の内容をよりくわしく伝えたいなら、本の概要や目次を掲載してもいいでしょう。目次の項目数が多い場合は、読者の関心を引きそうな項目をピックアップして紹介しましょう。

その他には、読者から寄せられた声を紹介してもいいでしょう。一般の読者からの声が得られない場合は、ちょっとずるいやり方ですが、友人や知人に本を読んでもらって感想を述べてもらい、それを掲載すればよいでしょう。もちろん、一般の読者にしろ友人・知人にしろ、事前に掲載の承諾を得ることは必要です。

さらに、その本を書くにいたったエピソードや失敗談などを紹介してもいいでしょう。ホームページで本を紹介するという方法は地味なやり方ですが、読み手に楽しんでもらいつつ役に立つ情報を提供できれば、ある程度の宣伝効果は見込めるはずです。

5-4 メールマガジンを出そう

メールマガジンを出すことは意外に簡単

すでにメールマガジン（以下、メルマガ）を発行している方は、メルマガで自分の本を紹介しましょう。ただし、前項でも述べたように、明け透けな宣伝をするのではなく、読者の役に立つことを中心に書きましょう。

メルマガの発行数はここ数年で急激に増えてきているものの、自分のメルマガを発行する人はまだまだ少ないようです。

そこで、出版をはたしたら、それを機にメルマガの発行を検討してみるのもいいでしょう。メルマガを発行すると言うと、「何か、特別な手続きや技術が必要だろう」とか「費用がかかるのではないか？」と思う方が多いようですが、決してそのようなことはありません。

メルマガ発行スタンドにアクセスして、発行したいメルマガを登録すればよいのです。公序良俗に反する等の問題がなければ、だれでも簡単にメルマガを発行することができます。

ただし、最大のメルマガ発行スタンドである「まぐまぐ」から発行する場合には、ホームページを開設していることが条件になります。したがって、「まぐまぐ」を利用する場合には、事前にホームページを立ち上げておく必要があります。

メルマガ発行スタンドに登録すると、メルマガ発行スタンドが講読者を募ってくれます。そして、あなたが書いたメルマガを講読希望者に配信してくれます。

メルマガを発行するのに必要な技術は、いたって初歩的なものです。具体的には、「文章入力ができる」、「インターネットへ接続できる」、「メールの送受信ができる」といったことができれば、それだけで十分です。

なお、メルマガ発行スタンドに登録するのに、費用は一切かかりません。

メルマガを発行し、そこで本の内容に関連する事柄を取り上げたり、執筆中のエピソードや読者からの声などを適宜取り上げていけば、間接的にではありますが、本を宣伝することができます。

たとえば、私はビジネス書を書くためのノウハウを扱ったメルマガを発行していますが、このメルマガで本書のことを取り上げるつもりですし、本書に関連した内容も取り上げてみたいと考えています。そうすることによって、新たな読者を開拓することができるはずです。

ではここで、メルマガ発行のメリットとデメリットを整理しておきましょう。

◎メルマガ発行のメリット

①個人で気楽に、趣味の延長で発行できる

自分の好きなテーマのメルマガが発行できます。また、公序良俗に反する等の問題がなければ、自分の考えを表現できます。もちろん、本の宣伝も自由です。

②気楽に講読の申し込みがしてもらえる

メルマガの多くは講読無料です。メルマガの発行も無料なら、講読も無料です。また、講読の申し込みや講読中止の手続きも簡単です。そのため、だれでも気軽に登録してもらうことができます。

③読者からの反応が得られる

メルマガを発行すると、読者からいろいろな意見や感想が寄せられてきます。このこともメルマガ発行の魅力です。メルマガに申し込む人は、そのメルマガのテーマに関心を持っている人なので、メール上での意見交換もはずみます。

また、他のメルマガ発行者から相互紹介の依頼も来ます。要するに、お互いのメルマガで紹介し合うということですが、相互紹介をいくつか手がけると、読者数を増やすことができるので、相互紹介の依頼を待つだけでなく、こちらから積極的に申し込んでもいいでしょう。

◎メルマガ発行のデメリット

①発行を継続することがむずかしい

不定期に発行するメルマガもありますが、できれば、週1回とか週2回といった具合に、定期的に発行していきたいものです。そのほうが、読者とのつながりを強めることができます。

とは言うものの、定期的に発行する場合、ネタが尽きて継続するのがむずかしくなることがあります。そのため、事前にネタを十分に用意しておくとか、そのときどきのニュースを取り上げるなどの工夫が必要になります。

②表現力が乏しい

HTML方式のメルマガを発行すれば表現力は増しますが、この方式を嫌う人が多いため、メルマガはテキスト形式が主流となっています。

しかしテキスト形式だと、すべてを文字で表現しなくてはならないため、どうしても表現力が乏しくなってしまいます。

これらのメリットとデメリットを踏まえたうえで、メルマガで自著を宣伝してみるとよいでしょう。

5-5

カルチャーセンターにアタックしよう

カルチャーセンターは新しい講座の企画を待っている

自著を宣伝する方法のひとつに、セミナーの開催があります。しかし、「自分でセミナーを主催するなんて、とてもムリ」と思う方も多いはずです。

それならば、自分で主催するのではなく、セミナーを手がける機関に売り込めばいいのです。セミナーを実施する身近な機関にカルチャーセンターがあります。カルチャーセンターは、常に新しい講座の企画を求めています。また、ホームページ上で「講座企画募集」と告知するカルチャーセンターも増えています。

そこへ、自著の内容をセミナーの企画として売り込むのです。売り込むと言っても、訪問したり電話する必要はありません。手紙やメールで、講座の企画を提案すればいいのです。

インターネットを使わなくても、タウンページで「カルチャーセンター」の欄を調べると、たくさんのカルチャーセンターが掲載されています。図書館に行けば、さまざまな地域のタウンページが置かれていますので、短時間で、かなり広範囲な地域のカルチャーセンターの所在地を知ることができます。

セミナー企画を売り込む際には、企画書を郵送したりメールで送信するわけですが、企画書には次のようなことを盛り込めばよいでしょう。

①セミナーのタイトル
②セミナーの趣旨
③セミナーの主な内容
④講演時間
⑤講師のプロフィール
⑥連絡先

このように、項目をあげただけではイメージがつかみにくいと思います。そこで、実際に私がカルチャーセンターに提出した企画書を示しますので、参考にしてください（176～177ページ図表8参照）。

この中で重要なのは、「セミナーの趣旨」と「セミナーの主な内容」ですが、いずれもで

◎講演時間

２時間

※短時間ではありますが、出版に必要な技術を余すところなくお話しいたします。なお、貴センターのご都合に合わせ、講演時間を若干延ばしたり短縮することも可能です。

◎講師のプロフィール

畑田洋行（はただひろゆき）

1958年生まれ。人材派遣会社など数社を経て独立。ビジネスマン向けの各種セミナーを実施するかたわら、ビジネス分野の原稿を出版社に持ち込んで、立て続けに出版をはたす。その経験を活かし、現在はビジネスマンの出版をサポートする、日本で唯一の「出版塾」を主宰。「持ち込み原稿」を出版するためのノウハウを公開し、好評を得る。中小企業診断士。

（なお、この後に続けて著作物を書きます）

◎連絡先

〒354－0041

埼玉県入間郡三芳町藤久保56－3－806

TEL/FAX　049－259－6630

メール：h.hatada@xa.ejnet.ne.jp

ホームページ：http://www.ma.ejnet.ne.jp/~h-hatada/

きるだけコンパクトにまとめることが肝要です。

　なお、カルチャーセンターでセミナーを開いた場合の報酬ですが、一般的には交通費込みで、売上げの40％となっています。

　たとえば、受講料２５００円で、受講者数が30名の場合、報酬は次のようになります。

報酬＝受講料×受講者数×40％＝２５００円×30名×40％＝３００００円

図表8｜セミナー企画書の例

◎セミナーのタイトル

あなたも著者になろう～「持ち込み原稿」を出版する方法を教えます～

◎セミナーの趣旨

今、「本を出したい」と願うビジネスマンが増えています。ところが、いざ原稿を書いて出版社に持ち込んでも、採用される確率はきわめて低いというのが現実です。そのため多くの方が、「自分には出版社に採用される原稿を書くなんてムリ」と思い込んでいます。

自分から申し上げるのはたいへんに気が引けますが、私はこうしたきびしい現実の中、ビジネス分野の原稿を書いて、立て続けに出版をはたしてきました。そして現在は、ビジネスマンの出版をサポートする、日本で唯一の「出版塾」を主宰しております。

本セミナーでは、私のこれまでの出版経験をもとに、「何を書けばよいのか」「どう書けばよいのか」といった基本的なことはもちろん、出版社への売り込み方といった、だれも教えてくれない細かな技術も公開します。そして、実社会で5年以上の経験をお持ちの方なら、だれでも出版できる可能性を秘めていることを明らかにします。

決してむずかしい内容ではありません。失敗談を交えながら、だれにでもわかるように説明させていただきます。

◎セミナーの主な内容

①本を書くには「特別な経験」が必要か
②本を書くには「長年の経験」が必要か
③「持ち込み原稿」が採用される確率
④出版するための「3つのステップ」
⑤何を書けばよいのか
⑥どう書けばよいのか
⑦出版社には原稿を持参するのか、それとも郵送するのか
⑧出版社に提出する企画書の作り方
⑨どの出版社のどの部署に送るのか
⑩印税と契約書について

「たったの3万円」と思われた方も多いことでしょう。たしかに、講演料としてはかなり安いと言えます。しかしセミナーを開く目的は、講演料を得ることではありません。あくまでも、楽しみながら本を宣伝することです。私の場合、さらに出版塾の宣伝にもなります。

余談になりますが、兵庫県のあるカルチャーセンターでセミナーを開いたことがあります。報酬は3万円ほどだったので、往復の交通費を払ったら手元にはほとんど残りませんでした。ところがその後、セミナーの受講者が出版塾に申し込んだので、十分に利益を得ることができました。

さて、このように、セミナーを開くには、カルチャーセンターにアプローチすればよいのですが、自分でセミナーを開くこともできます。

受講料を少し高めに設定して、ホテルなどの施設で実施することも可能ですが、あまりお金をかけたくないなら、公共施設を利用すればよいでしょう。

私の場合、埼玉県内の市民センターや東京都内の区民センター等の施設で、無料セミナーを開いたことがあります。

そこで、自著や出版塾のことを間接的に宣伝したのです。

なお受講者は、ホームページやメルマガで告知して集めました。

5-6
思わぬことが起きることもあります
私がPTA会長になった理由

本を出すと、思わぬことが起きることもあります。私の長男が小学生だった頃、同じクラスの友だちがわが家に遊びに来ることがしばしばありました。

たまたま、ある本を出したばかりのとき、遊びにきた数人の友だちに長男が、「ほら、この本、ウチのお父さんが書いたんだよ」と言って、見せたことがあります。

友人たちの「すごいなあ」という言葉に気をよくした私は、手元にあった余分な本を1冊ずつあげました。実は、その中のひとりにPTA会長のお子さんがいたのです。

その後、長男の友人たちは図書館に私の本が置いてあることに気づき、そのことをあちこちで話すようになりました。

そんなこととは露知らず、数ヵ月が過ぎた頃、わが家に突然、PTA会長から電話が入りました。何の用かと思いながら電話に出ると、次期PTA会長になってほしいとの要請でした。

散々お断わりしたのですが、先方はなかなか引き下がってはくれません。そして最後に、「本を書くほどの見識のある畑田さんなら、会長として十分にやっていけます」と言われて舞い上がり、つい「やります」と言ってしまったのです。

そもそも、本を書くこととPTA会長の任務とはまったく関係がありません。結局、前会長のおだてに乗った形になったわけですが、今振り返ると、前会長が一枚上手だったとつくづく感じます。

それはそれとして、ひょんなことからPTA会長を引き受けたわけですが、このことで、それまで自分が知らなかった世界を見たり聞いたりすることができました。

また、小学生のご父兄と知り合うこともできました。さらには、校長先生や教職員をはじめ、他校の先生方やPTA役員との交流を深めることもできました。会長として十分な活動はできなかったものの、こうしたPTAでの経験はとても貴重なものとなりました。

これも、元はと言えば、本を出したことがきっかけでした。本を出すと、このように思わぬ出来事にあうこともあるのです。

5-7 本を活かしている人に聞いてみよう（1）

リストラ評論家、中森勇人さんの場合

ではここで、実際に本を出した３人の方をご紹介します。本を書こうと思ったきっかけや、出版してよかった点などをうかがってみました。

まずは、『ザ・リストラ――それでも辞めなかったサラリーマンの知恵』（ベストセラーズ）と「辞めてはいけない～キーワードで読むリストラ」（岩波アクティブ新書）を出版された、リストラ評論家の中森勇人氏です。

①本を書こうと思ったきっかけ

私が、本を書こうと思ったのは、自分の経験を他の人に役立ててもらいたかったからです。

私はかつて、会社からリストラのターゲットとされました。５００日間もの長きにわたって執拗な退職勧告を受け、最後は「リストラ部屋」に閉じ込められました。「なぜ、自分がこんなに辛い目にあうのだろう」と、もがき苦しみました。

そして、「世の中には、このときの自分と同じように、リストラで苦しむ人がいる。自分の経験が少しでもお役に立てば」という思いで原稿を書きはじめたのです。

当時、リストラに関する本は出ていましたが、それらは法律上の解決策を取り上げているものばかりでした。法律の専門家が、あくまでも法的な対処の仕方を解説しているので、非常に難しくてわかりにくいのです。

ところが、既存の本に書いてある「法律による解決策」や「公的機関の手を借りる方法」は、実戦的ではありません。会社はとても巧妙で、法律に抵触しないすれすれの退職強要をしてくるからです。

そのうえ、「社内いじめ」や「個室での面談」をしたり、「能力否定」や「懲戒」をにおわせるような発言など、法律の手の届かないような手段を講じてきます。なかには、人事部長による「泣き落とし」といった手のこんだものまであります。

このような手口が横行する中、既存の本に書かれている法的な措置では、なかなか現実を変えることはできません。

また当時はインターネットでの情報も十分ではなく、リストラを受けた時にどこに相談に行けばよいのか、何をすべきなのか、何をしてはいけないのか、などがわからない状況でした。

そうこうしているうちに辞表を書いてしまったというケースは山ほどあったのです。自ら「辞める」と言わなければ辞めなくてもよいということを知っていれば、助かった人がどれほどいることか。

こうした状況のもと、現実にリストラにあった者だからこそわかる苦痛や迷いを訴えたい、と考えるようになりました。そして、少しでもリストラに苦しむ方々のお役に立つことができれば、という気持ちで原稿を書きはじめたのです。

②本を出してよかった点

本を出してよかったと思えるのは以下の3点です。

1. 読者から意見が寄せられること

巻末にメールアドレスを掲載したところ、何人もの方々から「書いてある通りに実行して助かりました」とか「リストラをはねのけました」といったご報告が寄せられるようになりました。

著者として、これほどうれしいことはありません。「人のお役に立てた」という実感は何ものにも代えがたいものだからです。

その他には、細かな相談を持ちかけられることも多いのですが、そのつど、丁寧にアドバイスさせていただいています。

リストラは年々厳しさを増す一方で、手口もますます巧妙化しています。これに伴い、法律もどんどん改正されています。

こうした厳しい変化に対応すべく、勉強を重ねる毎日が続いていますが、おかげさまで、今までご相談をいただいた方々は、全員泣き寝入りすることなく、ご自身の希望通りの結果を得ることができています。

2. おつき合いが広がったこと

本を出したことで、おつき合いの幅が広がりました。本を出す前は、多くの一般のサラリーマンと同じように、毎日が会社と家との往復でしたが、出版したことで、会社以外の方々との接点を持つことができるようになりました。

また、マスコミの取材を受けるようになり、最近ではテレビ番組製作のお手伝いもさせていただいています。これに伴い、講師として講演会に招かれたり、さまざまな交流会等にお招きいただく機会も増えました。

講演会等で出会った方々とは、公私ともにお世話になっています。考え方の幅が広がり、それまで知らなかった知識を得ることで、仕事の領域も広がりました。人脈が広がるたびにワクワクしています。

3. 二足のワラジが履けたこと

出版をはたしたことで、二足のワラジを履くことができました。私は会社内ではシステムエンジニアの職に就いていますが、本を出したことによって、ものを書く機会が増え、生活に張りがでてきました。最近では、雑誌の連載を数本受けており、特集記事なども担当させていただくようになりました。

世はサラリーマン受難の時代と言われていますが、それは頼るものが会社しかないからではないでしょうか。

よくいろいろな方面から、「自立しなければならない」と発破をかけられることがありますが、プロとしての職業を複数持たないと、自立することはなかなかむずかしいと言えるでしょう。

「一方の仕事が思わしくなくても、もう一方がある」という精神的な余裕が必要です。下世話な話になりますが、会社での収入が減った分、他の仕事で収入が得られるようになったため、生活は安定するようになりました。これも本を出したおかげだと思っています。
新しい取材をする際には、移動のための交通費や宿泊費が必要となりますが、こうした経費も、書くことによって得る副収入で賄っています。

③今後、本をどう活かすか

私はこれまで、「本を出して印税生活をしよう」などと考えたことはありません。よく、著者仲間で話をしますが、たいていが「本を出すことは一種のボランティアだ」という結論にいたります。

日本の場合、著者に入る印税はせいぜい10％程度です。初版だけで重版されなかった場合は、1ページ当たり数千円ほどにしかなりません。手間や労力を考えると、決して金銭的に見合うものではありません。

にもかかわらず、なぜ本を書くのか。それは、自分の足跡を公の記録として長く残せるからです。テレビは放映された瞬間、雑誌は発売期間だけしか世に存在しません。

これに対して、本は絶版になるまで、いつまでも世の中に残ります。それだけ多くの人の目に触れるチャンスがあるということです。

自らの活動をまとめて世に送り出すことで、テレビや雑誌では発信できなかった情報を流すことができます。テレビや雑誌にばかり目が向くと、どうしても世間の風潮に流されてしまいます。

ところが出版に挑戦することによって、自分の領域を見失うことなく、しかも自分自身と真剣に向き合うことができると思います。

買い被りかもしれませんが、物書きとしての自分の存在価値は、自分にしか書けないことを世に送り出すことにある、と考えています。そのため、出版することは、本を自分の分身として世に送り出すことでもあるのです。

今後、私の分身がひとりでも多くの読者のお役に立ち、喜んでいただけることを願っております。

5-8 本を活かしている人に聞いてみよう(2)

ブラジャー研究家、青山まりさんの場合

ブラジャー研究家で、『ブラの本』(サンマーク出版)を出版された青山まりさんのケースです。

①本を書こうと思った理由

私は30歳で運命のブラに出会い、ブラの素晴らしさに開眼する一方で、デザインが可愛いと思って買ったブラで身体を傷つけたりといろいろ失敗もしていました。お店の店員さんにいろいろと質問したものの、店員さんは、その店で扱っているメーカーのブラを無理やり売りつけようとするだけで、こちらの悩みに真正面から答えてはくれませんでした。

要するに、「売る側」の立場からのアドバイスはしてくれるものの、「使う側」の立場でブラの悩みの相談には乗ってくれなかったのです。

「それなら自分でやろう」と思い立ち、インターネット上で「ブラの悩み相談室」を開設しました。相談室には、ブラに関するさまざまなご相談が寄せられました。そして、いろいろなご相談を受けながら、自分なりにブラに対する考え方が徐々に確立されていったのです。

当時はまだ、ブラに関する本はありませんでした。そこで、「ブラの悩みに答える本があれば、きっとブラで悩む人に喜んでもらえるに違いない」と考え、出版に挑戦したのです。

②本を出してよかった点

「世の中に、ブラジャー研究家という人がいるなんて、私は全然知りませんでした！」

――本を出して以来、こうした言葉を何度聞いたことか。

本を出してよかった点はズバリ、多くの方に私の存在を知っていただいたことです。そして、セミナーの依頼を受けたり、マスコミの取材もたくさん受けることができました。

ここまで認知されたのは、やはり本を出したおかげだと思っています。自分で「私は、ブラジャー研究家です」と言ってみたところで、日本にひとりしかいない小さな存在です。だれも認めてはくれません。

でも、本を出した瞬間から、「そういう人が世の中にいたんだ」と知られ、その後、あわててアクセスしてくるマスコミが急激に増えました。新聞では、読売、朝日、毎日、産経の4紙が、すぐに記事として取り上げてくれました。雑誌では「HANAKO」や「日経ウーマン」、「ゆほびか」、「バフェ」、「PHPカラット」などの編集者からいっせいにアクセスがありました。

それだけではありません。出版社から「ブラの本」の翻訳版の出版依頼も受けることができました。

それまでは、たったひとりでブラと格闘してきましたが、本を出したことで、世間に認知され、自分自身の視野も広がりました。

③今後、本をどう活かしていくか

「本を活かす」ということを考えたことはありません。私の場合、本を作ること自体が一番の目標だったからです。また、現在もこの考え方は同じですし、将来も変わることはないと思います。

私の人生は、すべてブラに賭けているので、ブラに関する本は、これからもずっと書き続けていきたいと考えています。

私は、ひとりでも多くの方に拙著を読んでいただいて、ブラで悩む方々のお役に立てれば、それだけで十分に満足です。私が、本を通じて伝えたいメッセージは、ズバリ「ブラジャーひとつで人生が変わります！」ということです。そして、「生き方とブラジャーは密接につながっている」と言いたいのです。

女性は、メイクアップやヘアースタイル、美容整形やアウターファッションなど、目につくところの美は追求するものの、ブラという人目につかない部分にはなかなか注意が向きません。「どんなにサイズの合わないブラを着けていても平気」、「どんなにヨレヨレのブラを着けていても気にならない」という女性は多いものです。こうした考え方で、どれだけ損をしていることか。身体に合わないブラを着けることでプロポーションを崩したり、服の着こなしがメチャクチャになってしまうのです。

もともと、日本人は着物文化の民族です。ブラジャーが普及してから、まだわずか40年ぐらいしか経っていません。

そのため、ブラのことを真剣に考える人がいませんでしたし、ブラのことを教える人もいませんでした。もちろん、学校でもブラ教育は取り入れられていません。母親が教えてあげられればいいのですが、肝心の母親も、ブラについて教育を受けたことがないため、どう教えていいかわからないのです（「ブラの悩み相談室」には、母親から「娘にどう教えていいかわからない」という相談が多く寄せられています）。

実は、ブラは着こなしやプロポーションに関係するだけでなく、心理的な影響や生き方への影響も大きいのです。

身体に合ったブラを着けることで、背すじがピンと伸び、視野も広がり、美しいプロポーションになることで、自分に自信が持てるようになります。そして、生き方がポジティブになり、仕事や恋愛など、すべてによい影響を与えます。

私は本を通じて、ブラを軽視する人たちに警告を発するとともに、ブラのことを真剣に考えることは、「生き方すら決める大事なことなのだ」という強いメッセージを発したいと思います。

将来の目標は、中学校で「正しいブラ教室」を開くことです。たくさんの人たちが、若いうちから正しいブラの知識を得ることで、ブラを上手に使えるようになれば、生き方にもきっとよい影響を与えると確信しています。

中学生のうちから、ブラの正しい知識を身につければ、その後の長い人生を、よりよく生きていけるようになると思っています。

5-9 本を活かしている人に聞いてみよう（3）

経営コンサルタント、岡部穂積さんの場合

経営コンサルタントで『中小企業診断士になって年収1500万円稼ぐ法』（同文舘出版）を出された岡部穂積さんのケースです。

①本を書こうと思った理由

本を書こうと思った最大の理由は、出版することによって自分自身のブランドを高め、年収をアップさせたいと思ったからです。

私は以前から、経営コンサルタントにとって、著書があるかどうかは大きな問題のひとつだと思っていました。

そのため、「チャンスがあれば本を出したい」と願っていました。「出版できれば自分

自身の価値が高まり、年収がアップする。さらに、活躍のステージが広がり、新たなビジネスチャンスを手に入れることができる。営業の効率だって飛躍的に向上する」——そのように直感していたのです。

私はビジネス書を読むのが大好きで、これまでたくさんの本を読んできました。そして、出版することで成功を加速させた人たちや、収入をアップさせた人たちを数多く知り、いつか自分もそうなりたいと願うようになったのです。

本を書こうと思った第二の理由は、自分が歩んできた道と、自分の持っているノウハウをまとめ、知的財産として残しておきたかったからです。

本を出すということは、自分自身に対する最高のプレゼントになります。また、自分の知識や経験を他人に役立ててもらうとともに、家族に対してもよいプレゼントになると思いました。

第三の理由は、著書がないことを恥ずかしく思っていたからです。

セミナーの講師を依頼されると、主催者から講師のプロフィールが紹介されます。複数の講師でセミナーを担当するとき、他の講師には著書があって、私にはないことが何度かありました。

そんなとき、何とも言えず負けたような気がしたものです。「著書がないと格下のように思われ、恥ずかしい思いをする」――そう感じました。

普通の人は、自費出版でもしないかぎり、本を出すことはかなりむずかしいと言えるでしょう。その壁を破った実績があるかどうかで、人に与える印象は大きく違ってくるのです。

②本を出してよかった点

本を出してよかったことは、本の中でも宣言しているのですが、着実に年収がアップしていることです。

それから、「よく出版できたなあ、えらいぞ！」という達成感が得られ、自分で自分をほめたい気分になれることです。いい気分になることで、仕事に対するエネルギーも湧いてきます。

さらに、出版したことがきっかけで、「自分のノウハウをパッケージにして販売する」、「稼げる経営コンサルタントを養成する」という、新たなビジネスを立ち上げることができたことも大きな収穫でした。

まだまだ小さなビジネスで、私の事業の中では主力分野とは言えませんが、経営コンサルタントとしての幅、経営者としての幅を広げてくれたことは間違いありません。

出版後、レベルの高い人たちと知り合うこともできました。今こうして、本書の原稿の一部を書いているのも、畑田先生と知り合えたおかげです。

③今後、本をどう活かしていくか

拙著の中で、自分自身が現在取り組んでいることを告白しています。それは、第9章の「もっと稼げるようになるためのアドバイス」の一部です。これが、どの程度成功を収めるかが、今後の年収にさらに大きな影響を与えると思っています。

拙著は、他人に対してアドバイスを与えると同時に、自分自身に対してもアドバイスをしているのです。自分自身の未来を切り開いていくバイブルとして、いつでも身近に置いておきたいと思っています。

また、拙著はその性質上、爆発的に売れるというタイプの本ではありません。しかし、比較的長期間にわたって、ポツポツと売れ続けていくのではないかと考えています。

中小企業診断士を目指す人は毎年着実に発生しているし、経営コンサルタントを目指す人も増えています。社会保険労務士、税理士、司法書士、行政書士など、数多くの「士業」の方々にも参考にしていただいています。これから先も、新たなビジネスチャンスを手に入れるきっかけ作りに役立てたいと考えています。

とくに、「自分のノウハウをパッケージにして販売する」、「稼げる経営コンサルタントを養成する」というビジネス分野の基盤を強化させる道具として、大いに活用していきたいと思っています。

畑田　洋行（はただ　ひろゆき）

1958年生まれ。資格スクールなど数社を経て独立。ビジネスマン向けの各種セミナーを実施するかたわら、ビジネス書の原稿を出版社に持ち込んで、立て続けに出版をはたす。現在は、その経験を活かし、ビジネスマンの出版をマンツーマンでサポートする通信形式の「出版塾」を主催。企画書の作り方や原稿の書き方について、きめ細かな指導を行ない、塾生の約70%が出版をはたしている。中小企業診断士。

著書として、『イモづる式　これならわかる経済常識』（かんき出版）、『「わかりやすい！」と言われたいなら、こう喋ろう』（毎日新聞社）、『ビジネスマンは、本を書こう』（サンマーク出版）、『あなたにもできる「売れる本」の書き方』（プロスパー企画）、『ビジネスマンのためのわかりやすい文章の書き方』（実業之日本社）、『ホントに知ってる？　経済と経営の常識』（東京リーガルマインド）などがある。

〈連絡先〉
〒354-0041
埼玉県入間郡三芳町藤久保56-3　ヴィルヌーブ鶴瀬806
出版塾のホームページ：http://www.ma.ejnet.ne.jp/~h-hatada/
メール：h.hatada@xa.ejnet.ne.jp

「ビジネス書」を書いて出版する法

平成16年5月28日　初版発行

著　者　畑　田　洋　行
発行者　中　島　治　久

発行所　同文舘出版株式会社
東京都千代田区神田神保町1-41　〒101-0051
電話　営業03（3294）1801　編集03（3294）1803
振替　00100-8-42935　http://www.dobunkan.co.jp

ISBN4-495-56451-X

印刷／製本：東洋経済印刷
Printed in Japan 2004